REDES 2 está dirigido a estudiantes de cualquier nacionalidad que quieren alcanzar un nivel intermedio de español.

REDES 2 tiene un enfoque práctico cuyo eje de aprendizaje se basa en el ejercicio de la comunicación en el aula, por lo que su primer objetivo consiste en dotar al alumno de las herramientas necesarias para desenvolverse en situaciones cotidianas reales en lengua española.

REDES 2 consta de 12 unidades que aportan al alumno los contenidos necesarios para el desarrollo de la tarea final propuesta en cada una de ellas, presentadas como:

- Actividades de comprensión diseñadas para enseñar cómo funciona el español.

- Actividades de práctica con apoyo dirigidas a proporcionar al alumno las capacidades necesarias para llevar a cabo las correspondientes tareas propuestas.

- Actividades de práctica libre o tareas finales cuyo objetivo es integrar las cuatro destrezas y ejercitar lo aprendido en cada unidad.

Cada cuatro unidades hay un repaso de los contenidos gramaticales, léxicos y culturales aprendidos que se aplican a la realización de un proyecto. Los tres proyectos del libro constituyen una "revista" sobre el mundo latinoamericano y español.

Además del libro del alumno, REDES 2 consta de:
- Un cuaderno de ejercicios.
- Una guía del profesor.
- Un CD audio o casete con las audiciones del libro del alumno.
- Un vídeo con cuaderno de actividades.

D1419746

Redes SM consta de 12 unidades de 10 páginas cada una, organizadas en torno a una tarea final. Cada cuatro unidades hay un repaso que culmina en un proyecto (revista sobre el mundo latinoamericano y español). Siguiendo un enfoque por tareas, la tarea final será la que defina las funciones, la gramática y el vocabulario de cada unidad. La orientación comunicativa de la que se parte es válida para todo tipo de situaciones de enseñanza y de aprendizaje en las que participarán los estudiantes.

PRESENTACIÓN Y PRÁCTICA DE CONTENIDOS

En la página de apertura de cada unidad se plantean tanto la tarea final como los objetivos que se persiguen para la realización de esta, por lo que la enseñanza se centra, desde un primer momento, en el estudiante y en el desarrollo de su autonomía.

En primer lugar, **A continuación** y **Para terminar** son las tres dobles páginas en las que los estudiantes van desarrollando las capacidades comunicativas necesarias para llevar a cabo la tarea final.

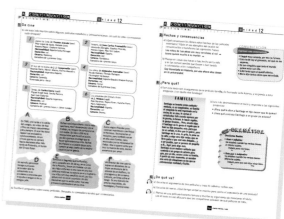

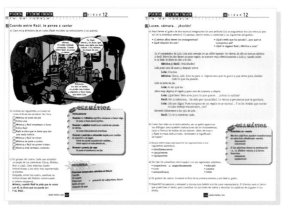

Las actividades de estas páginas tienen una secuencia muy cuidada, terminando con una actividad de producción libre, y están diseñadas para desarrollar estrategias de uso de la lengua que promueven la autonomía del estudiante. Los distintos cuadros gramaticales, funcionales, léxicos y de pronunciación sirven de apoyo al estudiante para la realización de las actividades.

CONTENIDOS SOCIOCULTURALES

¡A toda página! tiene como objetivo acercar al estudiante a la cultura española y latinoamericana y, al mismo tiempo, desarrollar la comprensión lectora. Los textos elegidos se explotan mediante actividades de anticipación de contenidos, de comprensión global y detallada y de sugerencias para el debate posterior.

Esta sección también incluye un espacio lúdico *¡Juega con el español!*, en el que se presentan canciones, adivinanzas, poemas y juegos que servirán de complemento cultural y léxico.

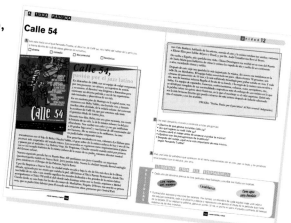

TAREA FINAL

¡A la tarea! plantea la realización de una tarea motivadora y próxima a la realidad del estudiante, en la que se fomenta el uso del español para hacer cosas de la vida real. Estas tareas constan de una serie de actividades preparatorias en las que se integran las cuatro destrezas y que conducen a la actividad de producción final.

Y, CADA CUATRO UNIDADES, REPASO CON PROYECTO FINAL

Esta sección tiene como objetivo reforzar los contenidos gramaticales, léxicos y culturales vistos a lo largo de las cuatro unidades anteriores y profundizar en el desarrollo de las cuatro destrezas. Termina en un proyecto en el que el estudiante aplica todos los contenidos aprendidos. Los tres proyectos del libro constituyen una "revista" sobre el mundo latinoamericano y español: cómo son los españoles y latinoamericanos, cómo viven, etc.

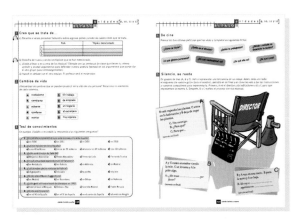

Aprender español

EN ESTA UNIDAD VAS A:

- Elaborar un cuestionario para detectar qué tipo de estudiante eres.

PARA ELLO VAMOS A:

- Hablar de habilidades.
- Pedir permiso.
- Hablar de hábitos de estudio.
- Dar consejos.
- Hacer recomendaciones y sugerencias.

1. ¿Qué esperas de este curso?

Observa el dibujo central. ¿Con cuál de los estudiantes te identificas más? Coméntalo con tu compañero.

2. El primer día de clase

a) Hoy es el primer día de clase. Escucha a dos estudiantes de español y completa el cuadro con sus datos.

	1	2
Nombre		
Apellidos		
Nacionalidad		
Ciudad de residencia		
Profesión		
Idiomas		

b) Ahora habla con tu compañero para averiguar su nombre, apellido(s), nacionalidad, ciudad de residencia y los idiomas que habla.

3. Se me da muy bien el español

a) Hanna y James son dos estudiantes de español. Lee los textos en los que cuentan su experiencia. ¿Con cuál de ellos tienes más puntos en común?

1. Soy estudiante de español y tengo un nivel intermedio. Pienso que tengo facilidad para los idiomas. Normalmente me cuesta muy poco aprender palabras nuevas y se me da muy bien la gramática. Mi problema es la pronunciación; a veces no se entiende lo que quiero decir.

Hanna

2. Aprender idiomas me parece algo muy útil, pero a mi edad creo que es un poco difícil. Ya no aprendo palabras con la misma facilidad de antes. Estudio y practico mucho y creo que tengo un nivel aceptable de léxico y que mi pronunciación no es mala. En general, no me resulta difícil comunicarme. Mi punto débil es, sin duda, la gramática.

James

¿QUÉ ESPERAS DE ESTE CURSO?

Yo mu...

Para mí, es más importante poder comunicarme.

Yo quiero saber más de la cultura latinoamericana.

Me gust... mejor... mi pronunc...

PRONUNCIACIÓN

[P]

Acentuación: palabras agudas

- Señala la sílaba fuerte de las siguientes palabras:

  aprender
  pronunciación   aquí
                         japonés

  Son palabras **agudas**: la sílaba fuerte es la última.

- Escucha y repite solo las palabras agudas.

- Fíjate en los ejemplos anteriores y deduce la regla: ¿Cuándo llevan tilde las palabras agudas?

- En parejas, haced una lista de palabras agudas y escribid la tilde en los casos necesarios.

b) Marca las posibles respuestas de Hanna y de James según los textos que has leído en el apartado 3a).

a) **Se me dan ... los idiomas.**

☐ muy bien ☐ bien ☐ regular ☐ mal ☐ muy mal

b) **Me cuesta ... aprender palabras nuevas.**

☐ mucho ☐ bastante ☐ un poco ☐ muy poco

c) **Me resulta ... pronunciar bien el español.**

☐ muy fácil ☐ fácil ☐ un poco difícil ☐ bastante difícil

d) **Sé ... palabras españolas.**

☐ muchas ☐ bastantes ☐ pocas ☐ muy pocas

e) **Sé ... gramática española.**

☐ mucha ☐ bastante ☐ poca ☐ muy poca

c) Marca tus respuestas a todas las preguntas.

d) Habla con tus compañeros para encontrar al que tenga más respuestas similares a las tuyas.

▶ *¿A ti qué tal se te dan los idiomas?*

▶ *Bastante bien, ¿y a ti?*

▶ *También.*

GRAMÁTICA

Demasiado/Mucho/Bastante/Poco

Pueden combinarse con:

- Nombres (y entonces son variables en género y número).
  He aprendido muchas palabras nuevas.
  He leído muchos libros este año.

- Adjetivos y adverbios* (y entonces son invariables).
  Entender las películas en español es bastante difícil.
  Los verbos me parecen bastante difíciles.
  Algunos españoles hablan demasiado deprisa.

- Verbos (y entonces son invariables).
  Me gusta mucho el español.
  Me gustan mucho los españoles.

* Con adjetivos y adverbios, la forma *mucho* se transforma en *muy*:
  Es muy divertido aprender canciones en clase.

COMUNICACIÓN

Hablar de habilidades

- Sé hablar inglés, ruso y japonés.
- Se me da muy bien/regular/mal/ ... la gramática.
- Me cuesta mucho/bastante/ un poco/... entender lo que oigo.
- Me resulta fácil/difícil/ ... aprender vocabulario.

1. ¿Es tuyo este bolígrafo?

a) Lee los nombres de estos objetos. ¿Cuáles sueles tener tú en clase?

un bolígrafo   un cuaderno   un periódico   un maletín   unas llaves

un diccionario   una carpeta   un teléfono móvil   una mochila

b) Escucha estos cinco diálogos y marca a quién pertenece cada objeto.

1. Bolígrafo ——— Catherine

2. Diccionario ——— Robert

3. Llaves ——— Tomoko

4. Periódico   Ahmed

5. Mochila   Anne

c) Tu profesor va a guardar en una caja algunos de vuestros objetos personales. Toma uno y pregunta a tus compañeros para encontrar a su propietario y pedírselo prestado.

▶ *¿Es tuyo este bolígrafo?*
▶ *Sí.*
▶ *¿Me lo dejas?*
▶ *Claro.*

▶ *¿Es tuyo este diccionario?*
▶ *No, no es mío. Creo que es suyo.*
▶ *¿De Richard?*
▶ *Sí.*
(...)
▶ *Richard, ¿es tuyo este diccionario?*

GRAMÁTICA

Pronombres posesivos

- mío/mía/míos/mías
- tuyo/tuya/tuyos/tuyas
- suyo/suya/suyos/suyas
- nuestro/nuestra/nuestros/nuestras
- vuestro/vuestra/vuestros/vuestras
- suyo/suya/suyos/suyas

2. ¿Te importa que abra la ventana?

a) Escucha y lee estos diálogos.

▶ *¿Te importa que abra la ventana?*
▶ *Claro que no.*

▶ *¿Te importa que use tu bolígrafo? El mío no pinta.*
▶ *Es que solo tengo este.*

b) ¿Cuál de estas tres cosas hacen los personajes de las situaciones anteriores?

☐ pedir un favor   ☐ pedir permiso   ☐ pedir perdón

c) Piensa en tres cosas que quieres hacer y pide permiso a tu compañero. Él te dirá si puedes o no hacerlo.

COMUNICACIÓN

Pedir permiso

▶ ¿Te importa que cierre la puerta?
▶ Claro que no.

▶ ¿Te importa que use tu diccionario?
▶ Es que solo tengo este.

d) En los ejemplos del apartado 2a) aparece un tiempo verbal nuevo: el presente de subjuntivo. Fíjate en el cuadro de gramática y escribe la forma de la primera persona del presente de subjuntivo de estos verbos (ten en cuenta que la mayor parte de irregularidades del presente de indicativo se mantiene en subjuntivo).

Volver ⟶ *vuelvo* ⟶ *vuelva*

- Pensar
- Decir
- Hacer
- Pedir
- Poder
- Conocer

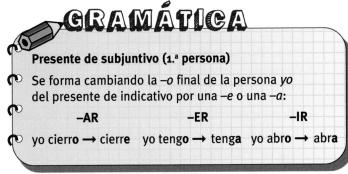

GRAMÁTICA

Presente de subjuntivo (1.ª persona)

Se forma cambiando la –o final de la persona *yo* del presente de indicativo por una –e o una –a:

–AR	–ER	–IR
yo cierro → cierre	yo tengo → tenga	yo abro → abra

e) Escucha y repite el modelo:

Abrir la puerta.
¿Te importa que abra la puerta?

f) Estas son algunas cosas que se pueden pedir en clase. Señala cuáles suele pedir un alumno, cuáles un profesor y cuáles ambos. Después, compara los resultados con los de tu compañero.

	Alumno	Profesor	Ambos
1. ¿Te importa que me lleve tu cuaderno y te lo traiga mañana?	☐	☐	☐
2. ¿Os importa que mañana empecemos la clase un poco más tarde?	☐	☐	☐
3. ¿Te importa que use tu libro?	☐	☐	☐
4. ¿Os importa que mañana tengamos la clase en otra aula?	☐	☐	☐
5. ¿Os importa que mañana hagamos una clase de repaso?	☐	☐	☐

g) Ahora, escucha y escribe las respuestas a las situaciones anteriores.

3. Compañeros de piso

Tu compañero y tú compartís piso. Cada uno va a pedir permiso al otro para hacer cuatro cosas. Conceded o denegad el permiso (en el segundo caso debéis dar una razón a modo de excusa).

▶ *¿Te importa que ponga la tele? Es que quiero ver las noticias.*

▶ *Claro que no. Ponla, ponla.*

▶ *¿Te importa que apague la radio? Es que quiero ver una cosa en la tele.*

▶ *Es que estoy escuchando un programa muy interesante.*

▶ *¡Ah! Vale.*

1. Yo, para mejorar mi español, leo el periódico

a) Estas son algunas cosas que te pueden ayudar a aprender un idioma. Marca las que sueles hacer. Después, comprueba si tienes muchas coincidencias con tu compañero.

- Hacer ejercicios en casa.
- Leer periódicos.
- Ver programas de televisión.
- Escuchar la radio.
- Aprender canciones.
- Leer libros y novelas.

- Estudiar gramática.
- Visitar sitios en Internet.
- Escribir cartas o correos electrónicos.
- Hacer un intercambio.
- Consultar un diccionario.

▶ *Yo, para aprender español, leo el periódico siempre que puedo.*

▶ *Pues a mí me gusta visitar sitios de Internet en español. Suelo entrar una vez cada dos o tres días.*

b) En parejas. Pensad y anotad qué cosas se pueden hacer para:

- mejorar la pronunciación
- practicar gramática
- aumentar la fluidez
- mejorar la comprensión de lo que oímos
- aprender vocabulario

c) Comentadlo con el resto de la clase.

Para aprender vocabulario, puedes hacerte tu propio diccionario.

VOCABULARIO

Hablar de la frecuencia

- Todos los días
- Siempre que puedo
- A menudo
- A veces
- Casi nunca
- Nunca
- Una vez al mes/ a la semana/al año
- *Soler* + infinitivo

2. Y tú, ¿cómo estudias?

a) Lee estos consejos para estudiar. ¿Cuál de los siguientes títulos crees que los agrupa mejor?

① *¿SABES ESTUDIAR?*   ② *¿ERES UN BUEN ESTUDIANTE?*

A Intenta organizar tu tiempo. Si no eres una persona muy organizada, te aconsejo que te hagas un horario de estudio en un papel y lo pongas en un lugar visible.

B Estudia en una mesa ordenada. Te recomiendo que, antes de empezar a trabajar, dediques un momento a ordenar tu mesa.

C Márcate un objetivo, pero sé realista. Es mejor que cumplas pequeños objetivos que no cumplirlos porque son demasiado ambiciosos y desanimarte.

b) Lee más despacio los textos anteriores y subraya en cada párrafo la palabra que te parece más importante. Después, compara los resultados con los de tu compañero para saber si estáis de acuerdo.

c) Después de leer los consejos anteriores, ¿crees que estudias bien? ¿Haces otras cosas? Coméntalo con tu compañero.

▶ *Yo no estoy de acuerdo con no ser exigente contigo mismo, creo que es importante.*

▶ *Yo sí, porque...*

3. ¿Qué me aconsejas?

Lee lo que dicen estos estudiantes de español y, con un compañero, escribe algunos consejos para cada uno.

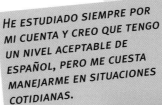

Estudio muchas horas, pero no las aprovecho porque, generalmente, estoy muy cansado.

HE ESTUDIADO SIEMPRE POR MI CUENTA Y CREO QUE TENGO UN NIVEL ACEPTABLE DE ESPAÑOL, PERO ME CUESTA MANEJARME EN SITUACIONES COTIDIANAS.

Me resulta muy sencillo aprender palabras, pero las olvido con la misma facilidad que las aprendo.

Creo que hablo bastante bien en español. Ahora lo que quiero es conocer la cultura, pero no la cultura de los libros, sino la de la calle.

En general, se me dan bien los idiomas, pero me parece que me falta fluidez. Hablo demasiado despacio.

COMUNICACIÓN

Dar consejos y hacer recomendaciones

- Procura/Intenta descansar.
- Lo que tienes que hacer es descansar.
- Te aconsejo/recomiendo/sugiero que descanses.
- Es mejor que/Lo mejor es que descanses.

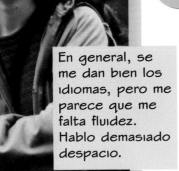

¡Extra!

Escribe un texto con el siguiente título: Aprendo español. En él puedes hablar de tu nivel de español, tus aspiraciones, prioridades, habilidades, gustos y costumbres para aprender español.

Lenguas indígenas de Latinoamérica

1. ¿Sabes cuántas lenguas indígenas se hablan en América Latina? Lee este texto.

Han existido y existen muchas lenguas aborígenes en el continente americano. Desde los Estados Unidos hasta la Patagonia se puede hablar de cientos de lenguas –muchas veces dialectos–, tantas como pueblos y culturas diferentes. Muchas han desaparecido o están en vías de extinción, pero han aportado numerosas palabras al español. Otras, sin embargo, están vivas y en auge.

De entre las lenguas indígenas vivas podemos destacar el **quechua**, extendido por el sur de Colombia, Ecuador, Perú, parte de Bolivia y noroeste argentino, con más de cuatro millones de hablantes. Desde hace pocos años es, junto con el español, lengua oficial en Perú. De esta lengua proceden las palabras *cóndor*, *llama* (animal), *mate*, *pampa* y *puma*.

Otra importante lengua indígena que aun se conserva es el **guaraní**, que hablan más de dos millones de personas en parte del nordeste argentino y en Paraguay, donde es lengua oficial junto con el español. El guaraní aportó al español palabras como *jaguar*, *maraca* y *tucán*.

El **náhuatl** es la principal lengua india en México, con cerca de ochocientos mil usuarios. De esta lengua se tomaron muchas palabras referentes a alimentos: *aguacate*, *cacao*, *chicle*, *tomate*, *chocolate*...

Otras importantes lenguas vivas son el **aymara** de Bolivia y Perú, con medio millón de hablantes; el **otomí**, de México, y el **araucano** de Chile y zonas limítrofes argentinas.

Hay otras muchas lenguas indígenas que apenas se hablan actualmente que han hecho aportaciones al español. Por ejemplo, del **taíno** procede *canoa* (la primera palabra indígena que llegó a nuestro idioma), *hamaca*, *caoba*, *huracán*, *iguana*, *maíz*, *papaya*, *tabaco* y *patata*. Y al **caribe** debemos las palabras *piragua* y *colibrí*, entre otras.

2. En grupos de cuatro.

a) ¿Cuántas de las palabras indígenas de América Latina del texto anterior conocéis?

Repartíos las otras para buscarlas en el diccionario. Después, cada uno explica en español (o con gestos o dibujos) a los otros tres el significado de las palabras que ha buscado.

b) Haz una lista con las palabras anteriores que se escriben de una forma similar en tu propio idioma.

c) Habla con tu grupo y, entre todos, intentad imaginar cómo se pronuncian en español las palabras de origen indígena del texto anterior.

d) Escuchad cómo se pronuncian estas palabras.
¿Qué grupo se ha acercado más?

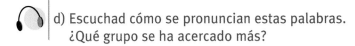

¡JUEGA CON EL ESPAÑOL!

A
D
I
V
I
N
A
,

A
D
I
V
I
N
A
N
Z
A

• En parejas (con una persona de otro grupo). Pensad en una de las palabras de origen indígena del texto que habéis leído y dad una descripción lo más completa posible para que el compañero la adivine (podéis usar el diccionario o preguntar al profesor).

Es un animal...   Es una planta...   Es una hortaliza...

Es una fruta...   Es una bebida...   Es una especie de...

Es una especie de gato enorme con la piel amarilla con manchas negras que vive en América. Existe una marca de coches con su nombre.

¡Jaguar!

Sí.

1. Aquí tienes un texto sobre formas de aprendizaje. Léelo.

¿Cómo ser profesor/a de español y querer seguir siéndolo?

... El aprendizaje de una lengua, como de cualquier otra materia, es un proceso que tiene lugar individualmente y, por tanto, diferente en cada persona. Sin embargo, excepto en las clases particulares o en los muy poco frecuentes casos de autodidactas, el aprendizaje de un idioma suele realizarse en grupo y con un profesor.

Es posible que, si tienes veinte individuos en clase, haya veinte modos diferentes de aprendizaje. Algunas personas prefieren aprender una lengua hablando desde el primer día, mientras que otras prefieren aprender unas reglas y un vocabulario antes de hablar. Otras necesitan verlo todo por escrito primero; hay quienes tienen más recursos auditivos, y muchas personas necesitan un apoyo constante de su lengua materna para asimilar otra. Hay estudiantes que prefieren estudiar con reglas (gramaticales si es posible), mientras que otros prefieren evitar reglas que no les ayudan ni en su propia lengua...

¿Son mejores unas formas de aprender que otras? No lo sé, pero en una clase donde se reúnen diferentes tipos de aprendizaje hay que aprender a combinarlos...

Adaptado de ENCINA ALONSO

2. Comenta con tu compañero estas cuestiones:

- ¿Te identificas con alguna de las formas de aprender que cita el texto?

- ¿Tienes otras preferencias de aprendizaje?

3. En grupos de tres.
Elaborad un cuestionario para detectar qué tipo de estudiante es un compañero de clase. Preguntad por habilidades, hábitos de estudio, intereses, gustos y cualquier otro aspecto que os parezca relevante.

4. Cada uno de vosotros hace el cuestionario a un estudiante de otro grupo y anota sus respuestas.

5. Reflexiona sobre las respuestas de tu compañero al cuestionario y decide cuáles son sus puntos fuertes y sus puntos débiles. ¿Qué le aconsejas?

6. Habla con el compañero al que has hecho el cuestionario y comunícale tus conclusiones.

Profesiones y oficios

EN ESTA UNIDAD VAS A:

- Preparar una entrevista de trabajo.

PARA ELLO VAMOS A:

- Hablar de aspectos necesarios y convenientes para desempeñar una profesión.

- Hablar de aspectos positivos y negativos de un trabajo.

- Comparar la realidad de un nuevo trabajo con nuestras expectativas.

- Hablar de la trayectoria profesional.

1. ¿Cuál es tu profesión?

a) Observa el dibujo central y anota la profesión de cada persona.

fontanero

pintor

cocinero

carpintero

fotógrafa

peluquera

diseñadora gráfica

jardinera

albañil

electricista

guía turístico

mecánico

> ### PRONUNCIACIÓN
>
> [P]
>
> *Acentuación: palabras llanas*
>
> • Las palabras llanas son aquellas en las que el acento recae sobre la penúltima sílaba.
> fontanero, lápiz
>
> • Se escriben con **tilde** ´ las palabras llanas que no acaban ni en –n, ni en –s, ni en vocal.
> chófer, carácter
>
> • Escucha estas palabras, escribe las llanas y pon las tildes.
> car–pin–**te**–ro

b) ¿Sabes el nombre de otras profesiones en español? ¿Cuáles? Anótalas.

2. ¿Conoces a un buen fontanero?

Pregunta a tu compañero si alguna vez ha contratado los servicios de una empresa dedicada a los oficios del dibujo central.

¿Has necesitado alguna vez a un fontanero?

> ### RECUERDA
>
> **Pretérito perfecto**
>
> Utilizamos el pretérito perfecto para hablar de experiencias sin especificar el momento de su realización.
>
> • *He llamado muchas veces al fontanero.*
> • *Nunca he necesitado a un carpintero.*

3. Cualidades

a) Estas cualidades sirven para hablar de las cualidades de las personas para realizar su trabajo. Pregunta a tu profesor lo que no entiendas.

- puntual
- honesto
- disciplinado
- extrovertido
- organizado
- paciente
- experto
- dinámico

> ### COMUNICACIÓN
>
> **Hablar de las cualidades de las personas**
>
> Es una persona...
> puntual
> extrovertida
> dinámica
> paciente
> disciplinada
> experta en...

b) ¿Y tú qué cualidades tienes? Coméntalas con tu compañero.

③

⑥

⑨

⑪

⑫

4. ¿Qué es?

a) Escucha a una persona que habla de algunas cualidades de amigos suyos y escríbelas.

- *Pepe es* ....
- *María Luisa es* ....
- *Carlos es* ....
- *Jorge es* ....

b) ¿Qué profesión crees que puede ser la más adecuada a cada una de esas personas según sus cualidades? Escríbelo.

c) ¿Tus compañeros están de acuerdo con la asociación de cualidades y profesiones que has hecho?

5. Para ser un buen profesional...

a) ¿Qué cualidades crees necesarias para desarrollar cada una de las profesiones del dibujo central?

Para ser un buen diseñador gráfico es necesario ser creativo.

Para ser un buen guía turístico es importante ser extrovertido.

b) Fíjate en el modelo. Después, pide a tu compañero que piense en una profesión y haga una frase con ella. Tú tienes que adivinar a qué se dedica.

▶ *Es aconsejable ser muy paciente.*
▶ *¡Médico!*
▶ *No. Hace falta saber escuchar*
▶ *¡Profesor de inglés!*
▶ *Sí.*

GRAMÁTICA

Ser + adjetivo + infinitivo

Cuando queremos hablar de los aspectos necesarios y convenientes para desempeñar un trabajo o realizar una actividad, utilizamos las expresiones siguientes:

	imprescindible	
	importante	
Es +	necesario	+ infinitivo
	conveniente	
	aconsejable	
	...	

Para ser secretaria es conveniente saber idiomas.

1. Estoy muy a gusto en mi trabajo

a) Lee los textos y, con la ayuda de tus compañeros, deduce el significado de las palabras marcadas en negrita.

1

Joaquín ha acabado este año la carrera de Derecho. Está en **paro** y se ha inscrito en el **INEM** para buscar su primer empleo. Ha mandado varios **currículos** a empresas y está esperando a que le llamen para hacer alguna **entrevista**. Piensa que su carrera tiene muchas **salidas**.

3

Raúl es fisioterapeuta. Tiene un **contrato temporal** de un año con un **período de prueba** de tres meses. Está contento con su **salario** y con el horario, de 8 a 3.

2

Olga es periodista. Tiene un **turno** diferente cada mes. En el periódico siempre tiene que haber gente para cubrir todas las noticias. Hay días de mucho trabajo que tiene que hacer **horas extra**. Tiene **contrato indefinido** desde abril de este año. Lo peor de su trabajo es el **horario**.

COMUNICACIÓN
Hacer valoraciones

- Lo que más/menos me gusta de mi trabajo es el horario.
- Lo peor/mejor de mi trabajo es la independencia.

b) ¿Has trabajado alguna vez? ¿Qué puedes decir de los trabajos que has realizado? Coméntalo con tu compañero.

c) ¿Qué es lo mejor y lo peor de tu trabajo (o de un trabajo que conoces bien)? Díselo al resto de tus compañeros.

2. Trabajos de todo tipo

Clasifica estos adjetivos en positivos y negativos.

monótono

seguro

creativo

interesante

duro

aburrido

peligroso

útil

☺	☹
....	....
....	....
....	....
....	....
....	....
....	....

3. Lo bueno y lo malo de las profesiones

Escribe en el cuadro el nombre de las profesiones que has aprendido en esta unidad y pon al lado de cada una de ellas un aspecto positivo y otro negativo.

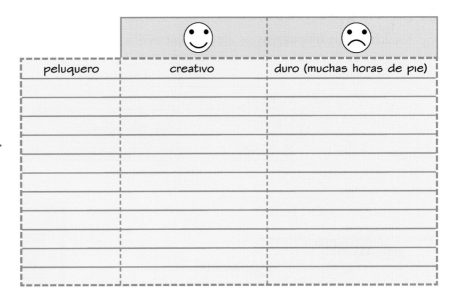

	☺	☹
peluquero	creativo	duro (muchas horas de pie)

4. Siempre hablando de trabajo

Lee lo que dicen algunas personas sobre su trabajo. ¿Con cuál de ellas te identificas más? ¿Por qué?

1 Mi trabajo es interesante.

2 Mi empleo es seguro.

3 Me llevo bien con mis compañeros.

4 Yo estoy muy a gusto en mi trabajo.

5 En mi trabajo puedo ayudar a la gente.

6 Mis oportunidades de ascenso son altas.

7 Puedo trabajar con independencia.

8 Mi trabajo es útil para la sociedad.

5. ¿Qué tal tu nuevo trabajo?

a) Lee este correo electrónico.

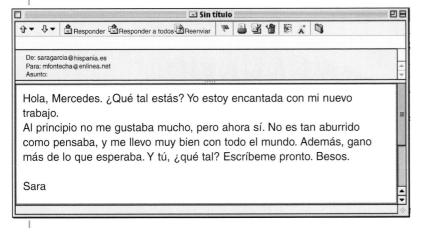

De: saragarcia@hispania.es
Para: mfontecha@enlinea.net
Asunto:

Hola, Mercedes. ¿Qué tal estás? Yo estoy encantada con mi nuevo trabajo.
Al principio no me gustaba mucho, pero ahora sí. No es tan aburrido como pensaba, y me llevo muy bien con todo el mundo. Además, gano más de lo que esperaba. Y tú, ¿qué tal? Escríbeme pronto. Besos.

Sara

b) ¿Qué cosas del trabajo de Sara son diferentes a lo que esperaba?

c) Y en tu trabajo o estudios, ¿qué cosas son diferentes a lo que esperabas antes de empezar a trabajar o estudiar?

Mis estudios son más interesantes de lo que esperaba; estoy aprendiendo muchas cosas.

6. El mejor trabajo es el mío

¿Cómo es el trabajo o los estudios de tus compañeros? Haced una pequeña encuesta en clase para decir quién tiene el mejor trabajo o estudios.

1. ¿Dónde ha trabajado?

Escucha estos fragmentos de algunas entrevistas y completa el cuadro.

	Experiencia	Duración del trabajo
Sr. Pérez		
Sra. Torres		
Sr. Álvarez		

RECUERDA

Contraste pretérito perfecto/pretérito indefinido

El **pretérito perfecto** se utiliza para hablar de experiencias o actividades pasadas sin especificar el momento de su realización.

El **pretérito indefinido** se utiliza para hablar de acciones pasadas, ocurridas en un período de tiempo terminado no relacionado con el presente.

► ¿Ha vivido en algún país extranjero?
► Sí, viví en Francia en 1986.
► ¿Ha trabajado antes en un puesto similar?
► Sí, trabajé como comercial dos años.

2. Llevo dos años estudiando español

a) Señala con una cruz cuáles de estas cosas estás haciendo actualmente, y con un círculo, las que has hecho alguna vez pero ya no realizas.

- ☐ estudiar español
- ☐ ir a la playa
- ☐ trabajar
- ☐ hacer deporte
- ☐ conducir
- ☐ vivir solo
- ☐ viajar al extranjero

b) Lee los ejemplos del cuadro de gramática. Después, comenta con tu compañero cuánto tiempo llevas haciendo las actividades del apartado 2a) que has marcado o cuánto llevas sin hacerlas.

GRAMÁTICA

Llevar + gerundio/Llevar sin + infinitivo

- Para hablar del tiempo en que empezamos a realizar una actividad utilizamos la estructura:

  Llevar + período de tiempo + gerundio
  Llevo dos meses trabajando en esta empresa.

- Para hablar del tiempo que llevamos sin realizar una actividad utilizamos la estructura:

  Llevar sin + período de tiempo + infinitivo
  Llevo dos meses sin trabajar.

PARA TERMINAR
Entrevistas de trabajo
U n i d a d **2**

3. La trayectoria profesional de Lola

a) Estos son algunos datos del currículo de Lola. Escucha cómo cuenta su trayectoria profesional y escribe las expresiones del cuadro que usa.

1992. Terminar la carrera de Medicina.
1992-1994. Máster en prevención de enfermedades.
1996. Hospital Central. Jefa de planta.

VOCABULARIO
Expresiones temporales para ordenar un relato

Ese mismo año
Al cabo de...
Al mes siguiente
Una semana después
A principios de
A mediados de
A finales de...

b) Escribe algunos datos de tu trayectoria profesional. Después, cuéntaselos a tu compañero. Trata de usar expresiones temporales para ordenar tu relato en vez de fechas. Él va a tomar notas para luego comprobar si ha ordenado bien los datos.

4. La entrevista de Vicente

a) Vicente ha dejado su currículo en una escuela de idiomas donde buscan un jefe de estudios. Hoy tiene una entrevista con el director de la escuela. Escúchala y anota la siguiente información:

- • Una pregunta relacionada con los estudios de Vicente.
- • Una pregunta relacionada con su experiencia profesional.
- • Una pregunta relacionada con sus aspiraciones.

b) Comprueba si tus compañeros han escrito las mismas preguntas que tú.

c) Escucha la entrevista de nuevo y contesta a las siguientes preguntas:

¿Qué es lo mejor y lo peor del trabajo de Vicente?

¿Cuáles son sus aspiraciones?

¿Cuánto tiempo lleva trabajando como profesor de español?

¿Ha trabajado antes en un puesto similar?

¿Se lleva bien con sus compañeros?

5. Entrevista a tu compañero

a) Haz tres preguntas a tu compañero, una relacionada con los estudios, otra con la experiencia profesional y otra con sus aspiraciones y toma notas.

b) Cuéntaselo al resto de la clase.

Bob estudió cuatro años en un colegio bilingüe, lleva trabajando en Siemens cinco años y quiere ganar seis mil euros más al año.

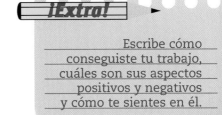

¡Extra!

Escribe cómo conseguiste tu trabajo, cuáles son sus aspectos positivos y negativos y cómo te sientes en él.

Buscar trabajo

1. ¿Alguna vez has buscado trabajo? ¿Dónde puedes encontrar ofertas de empleo? Anótalo.

2. Ya son muchas las personas que buscan u ofrecen trabajo en Internet. Si tecleas "buscar trabajo" en cualquier buscador en español, te sorprenderás de la cantidad de páginas que ofrecen este servicio.

Entra en alguna de esas direcciones o consulta el periódico. ¿Hay muchas relacionadas con tu profesión o estudios? Anótalo.

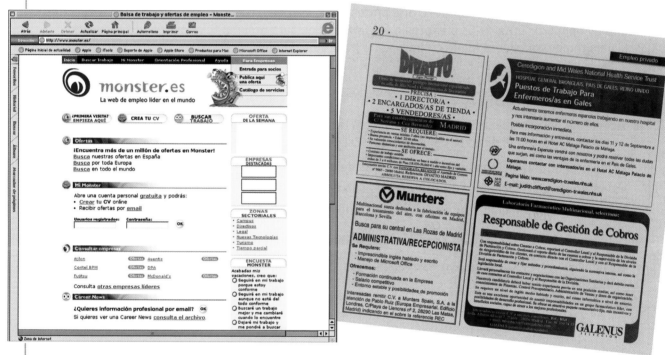

3. Muchas personas envían su currículo a páginas de Internet. Lee los testimonios de algunas de ellas.

Luis Gómez Torres (Perú)

"Quería hacerle llegar mi agradecimiento a laborum.com por haberme permitido colocar mi currículum en su *site* y así haber obtenido un puesto de trabajo de mayor trascendencia para mi carrera profesional. Deseo a la vez, a los miles de postulantes, que crean en este sistema para obtener mejores oportunidades."

Andrés Gutiérrez (Colombia)

"Por la publicidad decidí meter mi hoja de vida en laborum.com y encontré tres ofertas que se acomodaban a mi perfil, postulé a las tres y fui contratado por Biofilms. Laborum es la opción para acceder a las ofertas de trabajo en tiempo real y sin intermediarios."

Mayra Clarisa Zepeda (México)

"Al tener un mejor empleo por medio de laborum.com, han aumentado mis responsabilidades y conocimientos, por lo que he gozado de aumentos salariales y las empresas han valorado y evaluado mi trabajo."

Gabriel Angeloro (Chile)

"Quería agradecerles ya que hace dos meses ingresé en Disco S.A. como analista junior. Todo comenzó cuando postulé al aviso publicado en su página y a las tres semanas recibí el llamado de Disco para mantener una entrevista. Luego pasé al proceso de selección y les puedo contar que estoy muy satisfecho. Muchas gracias a laborum.com ya que conseguí empleo sin dificultad."

4. Hay algunas palabras y expresiones que se dicen de forma diferente dependiendo del país. ¿Puedes relacionar las expresiones que significan lo mismo, pero se dicen de forma diferente?

postulantes (Perú)

contestar al anuncio (España)

subir el sueldo (España)

hoja de vida (Colombia)

postular al aviso (Chile)

aspirantes (España)

currículo (España)

gozar de aumentos salariales (México)

¡JUEGA CON EL ESPAÑOL!

C A N C I O N E S

• Vamos a escuchar fragmentos de cuatro canciones en español. En estas canciones citan las siguientes profesiones. Antes de escuchar, ¿sabes cómo se dicen en español?

③  ②  ③  ④

• Ahora escucha los fragmentos de las cuatro canciones. ¿Qué profesión has oído en cada canción? Anótalas.

1. Recortad algunas ofertas de empleo de un periódico, buscadlas en Internet o usad las que a continuación se proponen.

Electrónico-Informático
Requisitos:
Formación Profesional II en Informática o Electrónica.
No se precisa experiencia.
Funciones:
Arreglo del sistema informático.
Instalación del mismo y del sistema de seguridad.
Arreglo de TPV's y cajeros automáticos.

Salario bruto anual: a convenir.
Contrato y alta en la Seguridad Social.

DEPENDIENTE
Requisitos:
Experiencia previa en ventas.
Conocimiento del sector de la moda.
Buena presencia.
Edad: entre 20 y 25 años.

Comienzo inmediato.
Salario y duración del contrato a convenir.

Interesados contactar con Mercedes:
96 647 33 29

TRADUCTOR/A CORRECTOR/A
Salario:
21.035 € brutos/año
Puesto:
Responsable de la traducción y corrección de textos e informes técnicos relativos a estudios de mercado redactados en inglés.
El puesto requiere:
– Perfecto dominio del idioma inglés.
– Formación universitaria.
– De 2 a 4 años de experiencia en tareas de traducción y corrección.
– Buenos conocimientos de procesadores de texto.
Buscamos una persona que aporte iniciativa, sea dinámica y tenga buenas cualidades para el trabajo en equipo.
Interesados, enviar currículum vitae detallado y fotografía a Grupo AB.
C/ Santa Engracia, 86, 3.º. 28020 Madrid. (ref. 1003-C)

2. Formad dos grupos: entrevistadores y candidatos

A
ENTREVISTADORES
Preparad las preguntas de la entrevista que os van a ayudar a conocer a los candidatos.

B
CANDIDATOS
Elegid una oferta de empleo y haced un breve resumen de vuestro currículo para presentaros a la entrevista.

3. En parejas, un estudiante del grupo A entrevistará a un estudiante del grupo B. Para ello, el que va a ser entrevistado dejará su resumen al compañero, quien le hará las preguntas más relacionadas con la oferta de trabajo que ha elegido.

4. Poned en común los resultados de las entrevistas.

Relaciones personales

EN ESTA UNIDAD VAS A:

● Elaborar un cómic que relate cómo se conocieron dos personas.

PARA ELLO VAMOS A:

○ Hablar del carácter de una persona.

○ Hablar de relaciones personales.

○ Expresar sentimientos.

○ Contar cómo se conocieron dos personas.

1. Compartir piso

a) Mira el dibujo central. Ana, Raquel y Óscar comparten piso. ¿Cómo crees que se llevan? ¿Por qué? Coméntalo con un compañero.

b) Piensa en las respuestas a estas preguntas y después coméntalo con tus compañeros.

- ¿Alguna vez has compartido piso con alguien? ¿Qué tal os llevabais?
- ¿Qué ventajas tiene vivir solo? ¿Y vivir con otras personas?

2. Eres muy buena persona

a) Aquí tienes algunas palabras y expresiones que sirven para hablar del carácter de una persona. ¿Conoces su significado?

sensato/a

materialista

egoísta

sensible

amable

celoso/a

detallista

divertido/a

puntual

idealista

rencoroso/a

buena persona

aventurero/a

antipático/a

casero/a

b) Busca en el diccionario el significado de cinco palabras de la lista anterior que no conozcas. Después, habla con tus compañeros para averiguar el significado del resto.

▶ *¿Qué significa sensible?*
▶ *Sensible es una persona que se emociona fácilmente.*

c) Piensa en una persona a la que todos conozcáis: un personaje famoso o alguien del centro donde estudias español. Describe su forma de ser utilizando palabras del apartado 2a). Tus compañeros tienen que adivinar quién es.

3. Me gusta que mis amigos tengan sentido del humor

a) Lee estas opiniones.

> Me molesta que hablen mal de la gente que conozco.
>
> Juan

> Me gusta que mis amigos piensen en los demás, por eso no soporto que lleguen tarde.
>
> Eva

GRAMÁTICA

Verbo + que + subjuntivo

Para expresar sentimientos, se pueden usar estas estructuras:

Me encanta
Me gusta
Me molesta   + que + subjuntivo
Me saca de quicio
No soporto
...

Me encanta que mis amigos me hagan reír.

b) Lee de nuevo las palabras de la actividad 2a) y anota qué tipo de personalidad les gusta, les molesta o no soportan las personas que han escrito las opiniones anteriores.

c) ¿Y tú? ¿Estás de acuerdo con las opiniones anteriores? ¿Qué cosas son importantes para ti? Completa la ficha.

Me gusta que mis amigos ....

Me molesta que mis amigos ....

Me saca de quicio que mis amigos ....

d) Intercambia tu ficha con la de un compañero. ¿Coincidís en algo? Comentadlo con el resto de la clase.

A Hans y a mí nos molesta que nuestros amigos...

4. Caracteres incompatibles

a) Ricardo y Laura hablan con dos amigos sobre cómo se llevan. Escucha y di qué relación les une.

b) Vuelve a escuchar y contesta a estas preguntas.

1. ¿Qué tal se llevan?
2. ¿Qué cualidades tiene Ricardo?
3. ¿Qué cualidades tiene Laura?
4. ¿Qué defecto de Laura no soporta Ricardo?
5. ¿Qué manía tiene Ricardo que saca de quicio a Laura?

1. ¿Cómo quedamos?

a) A Paloma le encanta chatear. Lee el final de su conversación.

...

▶ A mí también me gusta García Márquez.

▶ Pues el jueves es la presentación de su último libro. Si quieres, podemos ir juntas.

▶ Perfecto, ⬚

▶ Es en la Facultad de Letras a las ocho de la tarde.

▶ Muy bien, ⬚

▶ No sé.., ¿qué te parece si quedamos a las seis en el bar de la Facultad?

▶ ¿A las seis...?, ⬚ ¿qué tal a las siete en el Café Viento, al lado de la Facultad? Es un sitio muy agradable.

▶ Muy bien. Bueno... me tengo que ir, nos vemos el jueves a las siete. Hasta luego, Eva.

▶ Adiós, Paloma, hasta el jueves.

b) Coloca las siguientes frases en los espacios del texto anterior.

A ¿cómo quedamos?

B Es que no me va bien tan pronto,

C ¿dónde es?

c) Estos son otros acontecimientos en los que se suele reunir la gente. ¿En cuántos de ellos has estado alguna vez?

- la presentación de un libro
- una conferencia
- una fiesta
- una cena
- una verbena
- un concierto
- una exposición
- una boda
- un viaje organizado

COMUNICACIÓN

Ubicar acontecimientos en el espacio y en el tiempo

- La fiesta es a las ocho.
- La conferencia es en el Aula Magna.

d) Escucha estas conversaciones y completa el cuadro.

	1	2	3
acto	una verbena		
motivo			
¿dónde es?		en casa de Sonsoles	
¿cuándo es?			

2. Me ha gustado más de lo que esperaba

a) **Después de la presentación del libro, Eva y Paloma deciden ir al cine.** Observa esta página del periódico, escucha lo que dicen y responde a las preguntas.

- ¿Qué película van a ver?
- ¿En qué cine la ponen?
- ¿A qué sesión van?

b) Al salir del cine, hablan sobre lo que les ha parecido la película. Lee su conversación y, después, practica el diálogo con tu compañero.

▶ *¿Qué te ha parecido?*

▶ *Bien..., pero me ha gustado menos de lo que esperaba.*

▶ *A mí también. La verdad es que me ha decepcionado, me ha parecido un poco aburrida.*

c) Estas personas salen de un acto que no ha sido como esperaban. Escribe lo que dicen.

> *Piénsalo dos veces* **Cine Ideal** 16:30, 19:15, 22:00, 1:00 h.
>
> *Espérame en Estocolmo* **Cine Buñuel** 17:00, 20:00, 22:45 h.
>
> *Música en tus oídos* **Cine Los Ángeles** 16:00, 18:30, 22:30 h.

GRAMÁTICA

Comparativos

*Ha sido **más** interesante **de lo que** pensaba.*
*Me ha gustado **menos de lo que** esperaba.*
*Ha estado **mejor de lo que** esperaba.*
*No ha sido **tan** aburrido como pensaba.*
*No me ha gustado **tanto como** esperaba.*

Tan/Tanto
Con adjetivos y adverbios usamos *tan*, seguido del adjetivo o del adverbio.
Con verbos usamos *tanto*.

Va a ser muy aburrido.

Va a estar regular.

① *No ha sido tan aburrido como esperaba.*

Me va a gustar mucho.

② ....

③ ....

PRONUNCIACIÓN [P]

Acentuación: palabras esdrújulas

- ¿Cuál es la sílaba fuerte de estas palabras?

  periódico
  espectáculo
  teléfono

  Estas palabras se llaman esdrújulas.

- Observa los ejemplos anteriores y deduce: ¿cuándo llevan tilde las palabras esdrújulas?

- Busca más palabras esdrújulas en esta página y anótalas.

d) Escucha el final de tres acontecimientos y anota de qué acontecimientos se trata.

e) Imagina que has estado en esos acontecimientos. ¿Qué te han parecido? ¿Te han gustado más o menos de lo que esperabas? Escribe tu valoración.

1. Le conocí en una fiesta

a) Vicente y Rosa se conocieron hace diez años. Ordena estas viñetas que nos cuentan su historia.

b) Relaciona cada viñeta con una de las siguientes frases.

1. Como estaba solo, decidí acercarme a él para conocerlo.

2. Quedamos para el día siguiente y un tiempo después empezamos a salir. Hoy es nuestro aniversario, llevamos diez años juntos.

3. Nos conocimos en Madrid, en una fiesta de disfraces. Yo estaba bailando con una amiga y, de repente, entró un chico con el mismo disfraz que yo.

4. Estuvimos hablando un buen rato y la verdad es que me pareció muy simpático.

 c) Escucha y comprueba.

2. Estaba hablando con un amigo y...

¿Cómo fue el primer contacto entre estas personas? Observa las viñetas y escribe una frase como en el ejemplo.

① hablar/preguntar la hora
Estaba hablando con un amigo y ella me preguntó la hora.

② estudiar/sentarse al lado
....
....

③ estar en el tren/empezar a hablar
....
....

GRAMÁTICA

Estar + gerundio

Cuando queremos expresar que una acción es interrumpida por otra en el pasado, podemos usar esta estructura:

• *Estaba* + gerundio, pretérito indefinido (o pretérito perfecto).

Estaba bailando y/cuando apareció él.

3. Nos conocimos hace cinco años

a) La expresión "nos conocimos" habla de una acción...

☐ recíproca
(el uno al otro)

☐ reflexiva
(a sí mismo/a)

b) En parejas. De las acciones del cuadro hay muchas que pueden ser recíprocas: marcad cuáles. Después, pensad cuáles lo son habitualmente. Haced lo mismo con las reflexivas.

> llevarse bien   pelearse   enamorarse   levantarse   quererse
>
> besarse   mirarse   abrazarse   casarse   afeitarse   peinarse   gustarse
>
> divorciarse   lavarse   vestirse   darse la mano   darse un beso

4. Esta es su historia

Con un compañero, elige una de estas ilustraciones. ¿Cómo se conocieron esas personas? Usad vuestra imaginación y el guión de tarjetas que tenéis debajo y escribid su historia como si se tratara de una película.

①

②

③

empezar el relato

Nos conocimos en...
Nos presentó...

circunstancias

hacía calor
era verano
todo el mundo
    bailaba

circunstancias

Estaba en un café y...
Iba por la calle...
Iba conduciendo y...
Iba a irme, pero...

apareció él/ella

él/ella se acercó a mí.
él/ella se puso a mi
    lado/enfrente.
él/ella me miró.
él/ella me preguntó...
me acerqué a él/ella.
me puse a su lado.
le pregunté...

evolución de la relación

quedamos para el día
    siguiente
empezamos a salir
volvimos a vernos (al cabo
    de 15 días)
no hemos vuelto a vernos/nos
    casamos/nos divorciamos
llevamos 3 años juntos/casados

¿qué pasó después?

empezamos a hablar/bailar
me llamó la atención su forma de bailar,
    su voz, su risa
se puso/me puse rojo/a, nervioso/a

primera impresión

desde el principio me cayó
    muy bien
me pareció un poco presumido

resultado

nos enamoramos
fue un flechazo/fue amor a primera vista

¡Extra!

Escribe un texto sobre la relación que mantienes con alguien: ¿cuánto tiempo hace que os conocéis?, ¿cómo os conocisteis?, ¿qué tal os lleváis?, ¿qué es lo que más te gusta de esa persona?, ¿y lo que menos?

Parejas famosas

1. a) Vamos a hablar de dos parejas célebres del ámbito hispano. Antes, usa tus conocimientos y relaciona un elemento de cada caja.

Dalí y Gala A. Ripstein y A. P. Garciadiego	cineastas pintor y modelo	México España

b) Ahora, lee los textos y confirma tus hipótesis.

1

Arturo Ripstein es considerado uno de los maestros del cine latinoamericano. Comenzó su carrera cinematográfica muy joven, como asistente de dirección de Luis Buñuel, y después dirigiendo su primera película, *Tiempo de morir* (1965), con tan solo 21 años. En los años setenta realizó tres de las películas más importantes del cine mexicano contemporáneo: *El castillo de la pureza* (1972), *El lugar sin límites* (1977) y *Cadena perpetua* (1978).

Después de un breve período de escaso éxito, Ripstein conoció en 1985 a la escritora Paz Alicia Garciadiego durante una reunión celebrada en una cadena de televisión mexicana donde ella trabajaba. A partir de entonces Paz Alicia se convirtió en la esposa y guionista de Ripstein. Llevan catorce años trabajando juntos y once películas en común; la mayor parte de ellas son adaptaciones de obras literarias de importantes escritores como *El coronel no tiene quien le escriba*, de Gabriel García Márquez.

Sus últimas películas han sido aclamadas por el público y la crítica y reconocidas con premios en prestigiosos festivales como el de Venecia y San Sebastián. La pareja formada por Arturo Ripstein y Alicia Paz Garciadiego es la más famosa del cine mexicano contemporáneo.

2

Eugenio Salvador Dalí conoció a la joven rusa Helena Daikonova (Gala) en el verano de 1929 cuando ella y un grupo de amigos le visitaron en su refugio de Portlligat, cerca de Cadaqués (Gerona). A partir de ese momento Gala se convirtió en la modelo, musa y compañera inseparable de uno de los artistas más famosos del siglo xx. Viajaron juntos por toda Europa y Estados Unidos. Allí se establecieron cuando se inició la Segunda Guerra Mundial hasta 1948. Después, regresaron a Europa y realizaron largas estancias en la casa y taller del genial pintor en Portlligat.

Gala murió en 1982 y Dalí se trasladó a Figueras. Allí murió el pintor siete años más tarde. Antes de su muerte, Dalí donó toda su fortuna al Estado —ya que no tuvieron hijos— y creó la Fundación Gala-Salvador Dalí que, en la actualidad, gestiona todo su legado.

2. Lee los textos más detenidamente y contesta a las siguientes preguntas.

1. ¿Cómo se conocieron estas parejas?
2. ¿Cuál era la situación de cada uno de los componentes antes de conocerse?
3. ¿Qué consecuencias tuvo (o ha tenido) la unión de estas parejas para cada uno de sus componentes? ¿Y para el resto de la humanidad?
4. ¿En tu país existe alguna pareja famosa? Cuéntaselo a tus compañeros.

¡JUEGA CON EL ESPAÑOL!

- Lee estos nombres de persona:

    Diego   Santi   Mónica   Fede   Sofía

    ¿Los conoces? ¿Sabes si son de hombre o de mujer? ¿Hay algún diminutivo?

- Vamos a jugar con esos nombres. Aquí tienes algunos apellidos imaginarios.

    Tallista   Ista   Sera   Pático   Mable

Une cada uno de los nombres anteriores con uno de los apellidos imaginarios para formar un nombre divertido: al pronunciar el nombre y a continuación el apellido se escuchará un adjetivo de personalidad. Por ejemplo, si unimos el nombre Diego al apellido imaginario Ista tendremos:

Di(ego Ista) ⟶ *egoísta*

Fíjate en los dibujos y piensa qué adjetivo de carácter le corresponde a cada personaje. Después, anota el nombre del personaje al que le corresponde y compara los resultados con los de tu compañero.

①

Sr. Diego Ista

②

③

④

⑤

(margen izquierdo: NOMBRES Y APELLIDOS)

1. Lee el relato de cómo se conocieron dos personas.

> Nos conocimos en Italia. Yo estaba de vacaciones con una amiga.
> Un día estábamos en Roma, íbamos a coger un autobús para hacer una
> excursión por los alrededores. Entonces, llegó Fernando con una
> mochila enorme y se puso a nuestro lado a esperar el autobús. Nos
> empujó sin querer con la mochila y nos pidió perdón. Y empezamos
> a hablar. Mi amiga lo invitó a venir con nosotros y él dijo que sí, porque
> estaba viajando solo. Al principio me cayó un poco mal, pero después
> de pasar todo el día juntos hablando y conociéndonos
> empezó a caerme mejor. Hoy es mi mejor amigo.

a) Intenta memorizar el máximo de datos posibles.

b) En parejas. Sin mirar el texto, contaos el relato. ¿Recordáis todo?

2. Escucha el relato de cómo se conocieron otras dos personas. ¿Qué similitudes y qué diferencias encuentras entre este relato y el que has leído antes?

3. En grupos de cuatro, vais a inventar una historia de cómo se conocieron dos personas.

• Individualmente, pensad cómo conocisteis a alguien (vuestra pareja, un amigo...) y contádselo a vuestros compañeros de grupo.

• Entre todos imaginad una historia de cómo se conocieron dos personas (famosos, desconocidos, reales, ficticios...). En la historia debéis incluir al menos un elemento de cada una de las historias personales que habéis contado.

• Elaborad un cómic con viñetas que ilustren la historia y rótulos que la cuenten. También podéis usar fotografías de revistas.

NOS CONOCIMOS EN UN PARQUE. YO ESTABA MONTANDO EN BICI Y...

La salud

EN ESTA UNIDAD VAS A:

- Elaborar una guía de salud.

PARA ELLO VAMOS A:

- Dar consejos.
- Dar instrucciones
- Narrar pequeños accidentes.
- Hablar de hábitos relacionados con la salud.

1. ¡Cuídate!

a) ¿Qué cosas hay que hacer para llevar una vida sana? Fíjate en las imágenes centrales y haz una lista con tu compañero.

b) Leed los siguientes consejos. ¿Coinciden con los de vuestra lista?

- come mucha verdura y fruta
- haz un poco de ejercicio
- respira aire puro
- no tomes café ni alcohol
- bebe mucha agua
- no tomes muchos dulces
- no comas grasas
- duerme las horas necesarias

c) ¿Cuáles de estos consejos llevas tú a cabo? Habla con tu compañero. ¿Cuál de los dos creéis que lleva una vida más sana?

▶ *Yo hago ejercicio todas las mañanas cuando me levanto.*

▶ *Yo no. Pero tomo mucha fruta y pocas grasas.*

d) Lee de nuevo los consejos del apartado 1b). ¿En qué tiempo verbal están escritos?

e) En español, es muy frecuente dar consejos en imperativo. Lee las formas verbales del siguiente cuadro y di cuáles son iguales en presente de subjuntivo.

PRONUNCIACIÓN

[P]

Diptongos e hiatos

- Lee en voz alta estas palabras:

aire	**dí**a
dieta	**agua**
país	re**ír**
cuidar	d**ue**rme

- En todas ellas aparecen dos vocales juntas. ¿En cuáles forman una sola sílaba? ¿En cuáles están en sílabas separadas? Anótalo.
- Escucha y comprueba.

2. Haz un poco de ejercicio

a) ¿Conoces estas palabras? Todas son partes del cuerpo. Coloca cada una en el lugar correspondiente del dibujo.

GRAMÁTICA

Imperativo (2.ª persona)

	tú	usted	ustedes
BAIL**AR**	baila/no bail**es**	baile/no baile	bailen/no bailen
COM**ER**	come/no com**as**	coma/no coma	coman/no coman
ESCRIB**IR**	escribe/no escrib**as**	escriba/no escriba	escriban/no escriban

f) Los consejos del apartado 1b) están en estilo informal (tú). Fíjate en el cuadro de gramática y escríbelos en estilo formal (usted).

▶ *Bebe mucha agua.*

▶ *Beba mucha agua.*

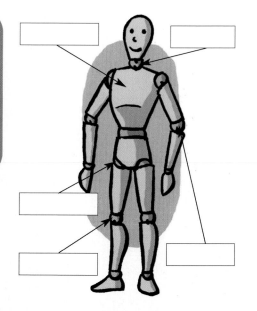

- el tobillo
- la espalda
- la muñeca
- el hombro
- la cadera
- la rodilla
- el pecho
- el codo
- el cuello

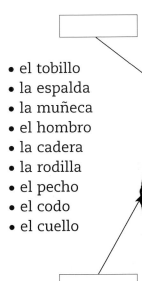

b) A continuación tienes algunas instrucciones para realizar ejercicios. Relaciona cada una con la ilustración correspondiente.

1. .... en el suelo y .... las piernas.

2. .... en el suelo, ... las rodillas, ... los pies, rodee las piernas con los brazos y respire hondo.

3. .... en el suelo, separe las piernas y .... las manos en las caderas.

4. .... en el suelo, ... los brazos, ponga las manos en el cuello y los codos hacia delante.

5. .... , separe las piernas y .... los brazos hacia arriba.

c) Ahora, completa las instrucciones del apartado anterior con uno de estos verbos.

tumbarse boca arriba

estirar

ponerse de pie

ponerse de rodillas

levantar

doblar

poner

separar

tumbarse boca abajo

sentarse

d) Escucha y comprueba.

e) ¿Conoces algún otro ejercicio específico para alguna parte del cuerpo? Coméntalo con tu compañero y, si es necesario, dale las instrucciones para que lo pueda realizar correctamente.

Para fortalecer los brazos, siéntate en el suelo con la espalda recta...

1. Remedios caseros

a) El personaje de estas ilustraciones ha sufrido una serie de percances. Relaciona cada uno con la ilustración correspondiente.

① ② ③ ④ ⑤ ⑥

a. Le ha picado una avispa.
b. Se ha torcido un tobillo.
c. Se ha quemado con una plancha.

d. Le ha sentado mal algo que ha comido.
e. Se ha roto una muñeca.
f. Se ha quemado con el sol.

b) Ahora, relaciona cada percance del apartado anterior con uno o varios de estos remedios.

- Mantener la pierna en alto.
- Llevar el brazo en cabestrillo.
- Darse una crema.
- Beber mucha agua.

- Ponerse una venda.
- Ponerse barro.
- Guardar reposo unos días.
- No comer nada.

c) Observa esta ilustración. ¿Qué ha pasado?

A mi amigo le ha picado una avispa.

Que se ponga barro en la picadura.

COMUNICACIÓN
Dar consejos a terceras personas

- Que vaya al médico.
- Que se ponga barro en la picadura.

d) Lee lo que les ha pasado a algunas personas y completa los consejos que les da el médico.

1. Mi madre se ha torcido un tobillo.

2. Mi hermana se ha quemado con el sol.

3. A una amiga le ha sentado mal algo que ha comido.

Que .... reposo.

Que ....

....

e) Escucha y reacciona a lo que diga tu profesor.

A mi amiga le ha sentado mal algo que ha comido.
Que no coma nada y guarde reposo.

A CONTINUACIÓN
Accidentes y percances
U n i d a d **4**

2. Estaba esquiando y me rompí una pierna

a) Observa y relaciona cada palabra con una imagen.

a. caerse   b. chocarse   c. quemarse   d. resbalarse   e. tropezarse

①  ②  ③  ④  ⑤

b) Lee el siguiente diálogo y practícalo con tu compañero.

> ▶ Buenos días. Dígame, ¿qué le pasa?
> ▶ Me duele mucho este brazo.
>   ▶ ¿Qué le ha pasado?
> ▶ Pues ayer entré en casa, el suelo estaba mojado, me resbalé y me caí. Me di un golpe en el brazo con un mueble y me hice mucho daño.
> ▶ Bueno... Vamos a ver. Siéntese en la camilla y levante un poco el brazo. ¿Le duele?
> ▶ Sí, mucho.
> ▶ Creo que hay algo roto. Vamos a hacerle una radiografía para comprobarlo.

c) Escucha a cuatro personas que cuentan un accidente que han sufrido. Numera los elementos de las cajas a medida que los escuches.

1 iba hablando	caerse	hacerse una herida	me operaron
era de noche	1 chocarse	1 darse un golpe en la cabeza	me escayolaron
la calle estaba en obras	resbalarse	romperse un tobillo	1 me vendaron
estábamos a oscuras	tropezarse	romperse un brazo	me han dado tres puntos

d) Elige uno de los accidentes del apartado anterior y escribe un texto con los elementos que has numerado en cada caja y otros que inventes para conseguir un relato completo.

e) Y tú, ¿has sufrido algún accidente? ¿Cómo fue? Habla con tu compañero.

> ▶ *Una vez de pequeño, estaba jugando en el parque y me caí de un columpio.*

GRAMÁTICA

Imperfecto – Indefinido

• Para hacer descripciones en pasado y contar las circunstancias que rodean a una acción, usamos el imperfecto.

Llovía, era de noche. Recuerdo que estábamos a oscuras y no se veía nada...

• Para narrar los hechos, las acciones que ocurrieron en un momento concreto del pasado, usamos el indefinido.

... y, de repente, me resbalé con algo y me caí.

1. Mens sana in corpore sano

a) Lee el siguiente texto.

Cómo mejorar la calidad de vida

Para mejorar nuestra calidad de vida debemos cuidar dos aspectos fundamentales: la alimentación y nuestros hábitos de vida. Ambos aspectos están muy unidos porque factores como los horarios de trabajo prolongados y sujetos a cambios, la falta de tiempo para volver a comer a nuestro propio domicilio, o bien comer sin tranquilidad durante la jornada laboral, tienden a desequilibrar nuestra dieta. Entre los hábitos más generalizados podemos mencionar:

- El aumento en el consumo de comidas rápidas y precocinadas.
- El aumento en el consumo de bebidas azucaradas en lugar de agua.
- La disminución del consumo de alimentos ricos en fibra.
- El desorden alimenticio.

Todo ello provoca problemas intestinales y digestiones pesadas, obesidad e incluso sensación de fatiga, factores que claramente disminuyen nuestra calidad de vida. Y a esto podemos unir el exceso de trabajo, la vida sedentaria, la falta de descanso, las prisas… Todos estos factores influyen en nuestra salud física y también en nuestro estado de ánimo. Tampoco dedicamos el tiempo necesario para relajarnos y descansar haciendo aquellas cosas que son verdaderamente importantes, como estar con la familia y los amigos, practicar las actividades que nos gustan en nuestro tiempo de ocio o estar en contacto con la naturaleza.

¿Es este tu caso? Si es así, párate un momento a pensar y sigue estos tres sencillos consejos:

- Cuida tu cuerpo.
- Controla tu propia vida.
- Haz las cosas con tranquilidad.

¡Serás más feliz!

b) El texto anterior nos ofrece tres consejos generales para mejorar nuestra calidad de vida. A continuación aparecen algunos consejos más concretos. ¿Puedes agruparlos?

- beber mucha agua
- llevar una dieta equilibrada
- no beber alcohol
- respirar aire puro
- hacer algo de ejercicio regularmente

- tomarse las cosas con calma
- no fumar
- descansar
- aprender a decir no
- no obsesionarse por nada

Cuida tu cuerpo	Controla tu propia vida	Haz las cosas con tranquilidad
No fumar		

2. ¿Qué me pasa, doctora?

a) Estos son los informes de algunos pacientes de la doctora Pérez. ¿Qué crees que le pasa a cada paciente? Completa los textos con los siguientes problemas.

(insomnio)   (estrés)   (problemas de circulación)   (dolores de cabeza)

(gripe)   (malas digestiones)   (obesidad)   (dolores de espalda)

1. Sufre de .... Le resulta muy difícil relajarse porque está obsesionada con el trabajo. Siempre está nerviosa y le duele el estómago.

2. Tiene problemas de .... Le resulta muy difícil conciliar el sueño.

3. Suele tener ...., sobre todo cuando pasa muchas horas delante del ordenador.

4. Tiene la .... Tiene fiebre, le duele la garganta y tiene mucha tos.

5. Sufre de .... Come mucho picante y muchas grasas. Además, apenas mastica la comida.

6. Tiene .... Tiene inflamación en las piernas y dolores. Pasa demasiado tiempo sentada.

7. Frecuentemente tiene .... Mantiene una postura incorrecta cuando está sentado y también al caminar y estar acostado.

8. Su problema es la .... Tiene un importante desequilibrio nutricional: toma demasiadas grasas y azúcares. Consume más calorías de las que desgasta debido a la vida sedentaria que lleva.

b) Lee los problemas de salud que cuentan varias personas.

1
Desde hace un mes tengo malas digestiones.

2
He aumentado de peso desde hace dos semanas.

3
Estoy con depresión desde hace un año.

4
Tengo insomnio desde que perdí mi trabajo.

GRAMÁTICA

Desde/Desde hace

Para referirse al momento en el que empezó algo, podemos usar estas estructuras:

• **Desde + momento determinado**
  Estudio español desde 1999.

• **Desde hace + período de tiempo**
  Estudio español desde hace más de dos años.

c) Escucha a varias personas explicando sus problemas de salud y completa la tabla.

	¿Qué le pasa?	¿Cuánto tiempo lleva así?	¿Qué le aconsejan?
Sr. Álamo			
Sra. Lucas			
Sr. Ríos			
Luis			

d) Pregunta a tus compañeros si han sufrido alguna vez los problemas de salud del apartado 2a) u otros y cómo los remediaron. Anota sus respuestas en la siguiente tabla.

	Nombre	Remedio
Insomnio		
Dolores de cabeza		
Estrés		
Malas digestiones		
...		

¡Extra!

¿Has sufrido alguna vez algún problema de salud? ¿Qué hiciste para solucionarlo?

Dieta y cultura

1. ¿Has oído hablar sobre la dieta mediterránea? ¿Sabes qué es? Marca la opción correcta.

- ☐ Una dieta en la que son muy importantes los baños en el mar Mediterráneo.
- ☐ Una dieta basada en medicinas alternativas de las antiguas civilizaciones mediterráneas.
- ☐ Un concepto de vida sana.

2. Ahora lee el texto y comprueba tu hipótesis.

LA DIETA MEDITERRÁNEA

Es una pirámide alimenticia relacionada con la dieta mediterránea y que marca las pautas en cuanto a proporciones y frecuencias óptimas de consumo en la dieta sana y equilibrada de un adulto saludable.

A medida que se sube en la pirámide, las cantidades y frecuencia de consumo son menores.

En la dieta mediterránea también son importantes los siguientes puntos:

- Elegir los alimentos más frescos, los que se conservan en su estado más natural.

- Utilizar el aceite de oliva como grasa principal en lugar de emplear grasas animales.

- Realizar una actividad física regular para favorecer un buen peso y estado físico.

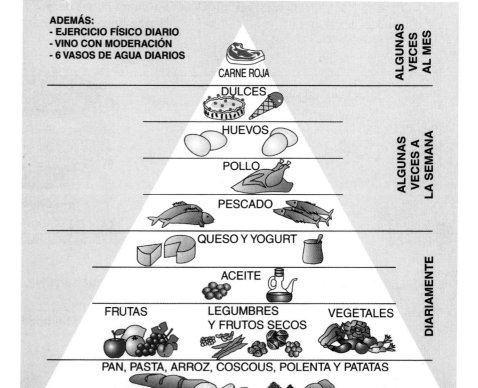

LA PIRÁMIDE DE OLDWAYS

ADEMÁS:
- EJERCICIO FÍSICO DIARIO
- VINO CON MODERACIÓN
- 6 VASOS DE AGUA DIARIOS

CARNE ROJA — ALGUNAS VECES AL MES

DULCES
HUEVOS
POLLO — ALGUNAS VECES A LA SEMANA

PESCADO
QUESO Y YOGURT
ACEITE
FRUTAS — LEGUMBRES Y FRUTOS SECOS — VEGETALES — DIARIAMENTE
PAN, PASTA, ARROZ, COSCOUS, POLENTA Y PATATAS

PIRÁMIDE DE LA DIETA MEDITERRÁNEA

3. En parejas. Elaborad una encuesta para averiguar los hábitos dietéticos de una persona: alimentos (cantidades y frecuencia), ejercicio físico... Después, haced la encuesta a vuestros compañeros. ¿Quién se aproxima más a la dieta mediterránea?

4. ¿Has oído hablar alguna vez del amaranto? Lee el siguiente texto.

EL AMARANTO

El amaranto es una planta que se cultivaba en zonas de América Latina hace más de cinco mil años. Parece que los primeros en utilizarlo como un cultivo altamente productivo fueron los mayas, y de ellos pasó a otros pueblos, como los aztecas o los incas. Era considerado como un alimento ritual, puesto que no solo se utilizaba como base para elaborar diversos alimentos sino, que también se empleaba en ceremonias religiosas.

Con la llegada de los españoles se prohibió su cultivo y quedó en olvido durante mucho tiempo. Sin embargo, el consumo de esta planta se mantuvo durante siglos gracias al cultivo en pequeña escala.

En la actualidad, la forma más común de consumir el amaranto en México es para preparar el dulce llamado *alegría*, y también se toma en forma de verdura. Se trata de un producto muy reconocido cuyo cultivo se ha recuperado no solo en diversos países de Latinoamérica como México o Perú, sino también en la India o China, por ejemplo. Las razones son, fundamentalmente, dos:

- Su alto valor nutritivo en proteínas, calcio, fósforo, hierro, etc. Esto le hace figurar entre los llamados *alimentos del futuro*.

- Que puede cultivarse en condiciones climáticas y agrarias adversas.

5. Contesta a estas preguntas:

- ¿En qué zonas se producía tradicionalmente el amaranto?

- ¿Qué elementos nutritivos contiene el amaranto? ¿Conoces otros productos que contengan alguno de estos elementos?

- ¿Qué alimentos son básicos en la dieta de tu país?

- ¿Por qué el amaranto es un alimento del futuro?

¡JUEGA CON EL ESPAÑOL!

C A N C I Ó N

- Escucha esta canción de Juan Luis Guerra y escribe las palabras que entiendas relacionadas con la salud y la medicina.

- El profesor va a dividir a la clase en dos equipos y os va a dar a cada uno seis palabras relacionadas con la salud que se mencionan en la canción. Leedlas y, si no conocéis su significado, usad un diccionario.

- Por turnos, un estudiante de cada equipo explica el significado de una de las palabras al equipo contrario, que tiene que adivinarla en un tiempo máximo de dos minutos. Podéis emplear gestos, dibujos o definiciones.

- El profesor os va a repartir la letra de la canción. Completadla con las palabras del apartado anterior.

- Escuchad de nuevo la letra y comprobad los resultados. Si os gusta, podéis cantarla.

1. En tres grupos, confeccionad tarjetas con diferentes problemas de salud. Tiene que haber una tarjeta por persona.

Me he roto una pierna.

Algo que he comido me ha sentado mal.

No puedo dormir.

2. Mezclad las tarjetas de todos los grupos y seguid estas instrucciones:

GRUPOS B y C - médicos

En parejas (uno de cada grupo) y, mientras llegan los pacientes, hablan de los diferentes problemas que han escrito en sus tarjetas de la actividad 1 y de sus posibles soluciones. Después, escuchan a los pacientes que van a su consulta y les ofrecen la mejor solución a su caso.

GRUPO A - pacientes

Cada paciente lee una tarjeta y durante un par de minutos prepara su visita al médico: piensa cuál es exactamente su problema y cuáles son los síntomas, etc. Después, puede consultar a distintos médicos.

3. Repetid de nuevo la actividad, pero cambiando el papel: los médicos son ahora pacientes, y viceversa.

4. En dos grupos. Cada grupo elabora una guía en la que se recojan los consejos que han aparecido en las visitas médicas y otros que se os ocurran. Un grupo hará una guía de consejos para llevar una vida sana, y el otro grupo, una guía de consejos para prevenir pequeños accidentes.

Consejos para llevar una vida sana

Consejos para prevenir pequeños accidentes

Repaso I

EL ROTULADOR MUSICAL

Preparación

En grupos de seis. Preparad tarjetas para revisar los contenidos más importantes de las unidades 1 a 4 (vocabulario, pronunciación, comunicación y gramática). Aquí tenéis algunos ejemplos.

¿Qué cosas se te dan bien y qué cosas te cuestan del español?

Di cuatro palabras agudas: dos con tilde y dos sin tilde.

Cuenta algún accidente que hayas tenido.

¡Qué decepción! La película no me ha gustado tanto como ....

¡A jugar!

• Cambiad vuestro bloque de tarjetas con otro grupo.

• Sentaos en círculos con el bloque de tarjetas en el centro. También necesitáis un rotulador (u otro objeto).

• Vuestro profesor va a poner música. Mientras tanto, en vuestro grupo el rotulador pasa de mano en mano hasta que el profesor pare la música. En ese momento, la persona que tenga el rotulador en la mano en cada grupo contesta una a una las tarjetas del montón hasta que vuelva a comenzar la música.

1. a) Escucha a cuatro personas que explican por qué quieren aprender español y anota sus razones.

b) Piensa cuál de los siguientes consejos es mejor para cada una de esas personas y anótalo.

A Si lo que queréis es mezclaros con la gente, no merece la pena que empecéis por la gramática.

C Te aconsejo que hagas un curso específico de español de los negocios.

B En tu caso, intenta empezar a leer literatura desde el principio. Pregunta a tu profesor por obras o autores que te puedan resultar más sencillos.

D Depende del tipo de examen. En todo caso, lo que tienes que hacer es prepararte a fondo. Lo mejor es que, si puedes, vayas a clase, y también es una buena idea hacer un intercambio.

c) ¿Puedes tú darles algún consejo más a esas personas?

2. Este es un fragmento del currículum vitae de Ruth Yanes. Escribe un texto en el que se resuma toda esta información.

Ruth Yanes Puerta
FORMACIÓN ACADÉMICA
1992 Licenciatura en Bellas Artes por la Academia de San Fernando de Madrid.
EXPERIENCIA LABORAL
1993-1995 Estudio de pintura de Eduardo Casado.
Junio-agosto 1996 Exposición colectiva de escultura.
Noviembre-diciembre 1997 Exposición individual de escultura en la Galería Milagros Esteban de Sevilla.
Desde 1999 hasta la actualidad Directora del Museo Sevillano.
OTROS MÉRITOS
Ocho exposiciones en diferentes puntos de Andalucía. Profesora en la Academia de Bellas Artes de Sevilla durante dos años.

Estudió Bellas Artes en la Academia de San Fernando de Madrid. Se licenció en 1992. Al año siguiente empezó a...

3. Observa los dibujos que cuentan cómo se conocieron Andrés y Regina. Escribe su historia debajo de cada viñeta.

4. Relaciona cada uno de estos problemas de salud con un consejo.

1. He cogido una insolación. Me encuentro fatal.

A. Que vaya al médico.

2. Me ha picado una avispa.

B. Ve al hospital.

3. Mi hermano se ha caído y se ha hecho mucho daño en la pierna, no sabe si tiene algo roto.

C. Que beba mucha agua y se dé una crema.

4. Mi sobrina se ha quemado un poco con el sol.

D. Date un poco de barro.

Vida cotidiana

Nuestros estudios, nuestro mundo laboral, nuestros amigos, nuestra salud

En pequeños grupos. Vais a confeccionar un póster de un país donde se habla español. En él tenéis que ofrecer la siguiente información:

1. Idiomas.

- ¿Se hablan otras lenguas distintas del español? ¿Cuáles?
- ¿Se enseñan en la escuela?

2. El mundo laboral.

- ¿A qué edad se suele empezar a trabajar?
- ¿Cuál es la situación de la mujer en el mercado laboral?
- ¿A qué edad se jubila la gente?

3. Relaciones personales.

- ¿Con qué frecuencia ve la gente a sus amigos?
- ¿Dónde se suelen reunir?
- ¿Se casa mucha gente? ¿A qué edad suelen hacerlo? ¿Hay más matrimonios civiles o religiosos?

4. Vida sana.

- ¿Se preocupa la gente por llevar una vida sana?
- ¿En qué alimentos está basada la dieta?
- ¿Qué deporte es el más popular?

¿Cómo podéis obtener esta información?

- Si estudiáis español en un país donde se habla español, buscad la información en la calle (hablad con la gente, preguntad a vuestro profesor, consultad los medios de comunicación...).

- Si no estudiáis español en un país donde se habla español, vuestro profesor os dará información sobre algunos países. También podéis buscar información en Internet (visitando páginas o chateando con gente del país elegido) o en otros medios.

El futuro

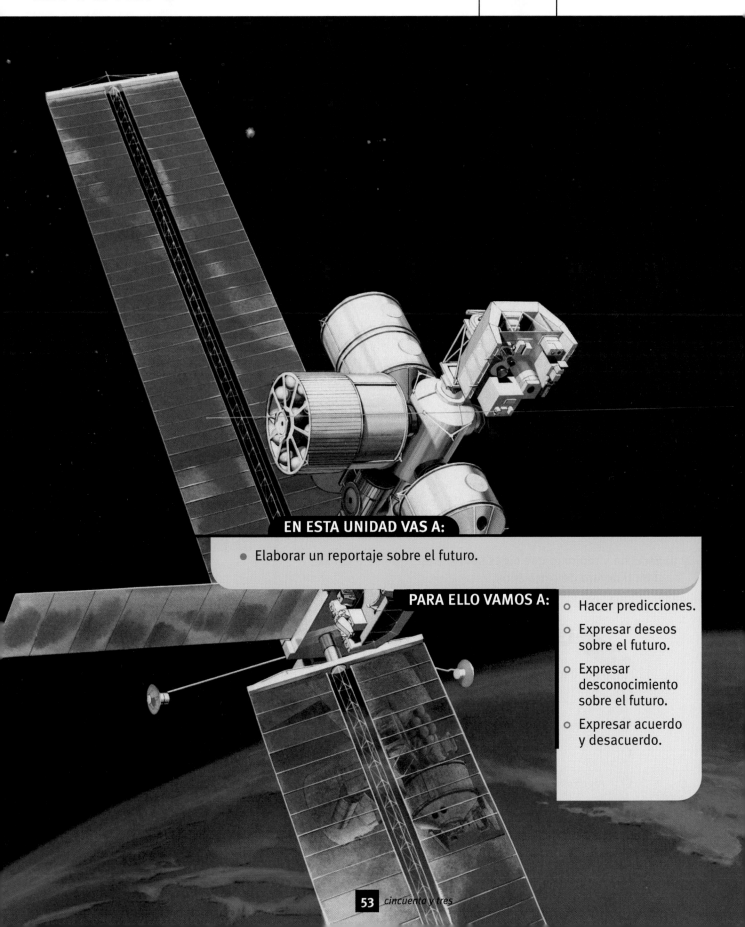

EN ESTA UNIDAD VAS A:

- Elaborar un reportaje sobre el futuro.

PARA ELLO VAMOS A:

- Hacer predicciones.
- Expresar deseos sobre el futuro.
- Expresar desconocimiento sobre el futuro.
- Expresar acuerdo y desacuerdo.

¿Qué será de mi vida?

1. ¿Qué será, será...?

a) Mira el dibujo central. Andrea y Mila están pensando en cómo será su vida dentro de cinco años. ¿Cuál crees que es la actitud de cada una? ¿Por qué?

b) Estas son las predicciones de Andrea y Mila. Léelas y escribe a quién pertenece cada una.

> 1. Seguiré viviendo con mi tía en mi pequeño apartamento. *Mila.*
> 2. Creo que viviré en una preciosa casa en el campo.
> 3. Seguiré en el mismo puesto de trabajo.
> 4. En vacaciones me dedicaré a recorrer los países del mundo.
> 5. Dejaré mi trabajo actual y seré mi propia jefa.

c) Escribe cada predicción en el lugar adecuado de las tablas.

ANDREA		
Lugar de residencia	
Trabajo	
Ocio y vacaciones	*Se imagina que en vacaciones se dedicará a recorrer el mundo.*

MILA		
Lugar de residencia	
Trabajo	
Ocio y vacaciones	

d) Escucha y repite lo que oigas solo si crees que será verdad para ti dentro de cinco años.

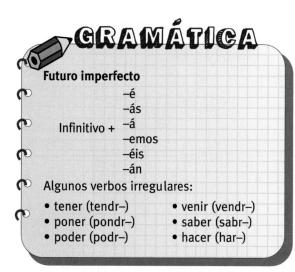

GRAMÁTICA

Futuro imperfecto

Infinitivo +
–é
–ás
–á
–emos
–éis
–án

Algunos verbos irregulares:

- tener (tendr–)
- poner (pondr–)
- poder (podr–)
- venir (vendr–)
- saber (sabr–)
- hacer (har–)

COMUNICACIÓN

Hacer predicciones

- Creo que seguiré viviendo en la misma ciudad.
- Supongo que tendré más amigos.
- Me imagino que iré de vacaciones a mi pueblo.
- Seguramente no cambiaré de coche.
- Seguro que cambio de puesto de trabajo.
- Probablemente viviré en el campo.

2. Serás muy afortunado

Joaquín está en la consulta de un adivino. Escribe un texto con las predicciones que hace el adivino para el año que viene. Usa los verbos del cuadro.

casarse	ganar	viajar
irse a vivir	ascender	

3. ¡Ojalá!

a) Lee el siguiente texto en el que Javier explica cómo imagina su futuro.

> ¿Que cómo será mi futuro? ¡Ah, quién sabe! Me imagino que terminaré la carrera y después, espero encontrar un buen trabajo.
>
> Supongo que me casaré con Cristina y llevaremos una vida normal, los dos somos bastante caseros. ¡Ojalá tengamos un montón de hijos! Seguiremos viviendo en Sevilla un tiempo, pero luego nos iremos a vivir al campo, allí los niños serán más felices.
>
> Con el tiempo, espero montar mi propio negocio y que Cristina trabaje conmigo. Y en vacaciones iremos a una casita en la playa o en el campo.

b) Vuelve a leer el texto y anota cuáles son las predicciones de Javier y sus deseos para el futuro.

c) Y tú, ¿cómo imaginas que será tu vida en el futuro? ¿Qué cosas te pasarán? ¿Cuáles son tus deseos? Completa el cuadro y después coméntalo con tu compañero.

	Predicciones	Deseos
Lugar de residencia		
Trabajo		
Estilo de vida		
Pareja o familia		

COMUNICACIÓN

Expresar deseos

- Espero vivir en el campo.
- ¡Ojalá viva en el campo!
- Espero que me suban el sueldo.
- ¡Ojalá me suban el sueldo!

1. La casa del futuro

a) ¿Cómo será la vida cotidiana en el futuro? Imagina cómo serán la casa y la ropa. Habla con tu compañero y toma algunas notas.

b) Lee este texto. ¿Coinciden las predicciones con las que habías apuntado?

LA VIDA EN EL FUTURO

La casa del futuro será una casa inteligente: todas las órdenes básicas se transmitirán a través de una red alámbrica a la que estarán conectados todos los dispositivos: el agua, la calefacción, los electrodomésticos, la luz, etcétera. El control de todos ellos se podrá realizar mediante pequeñas pantallas instaladas por toda la casa y sistemas de reconocimiento de voz. Con solo una orden podremos cambiar la intensidad de la luz, manejar la televisión y el equipo de música, bajar las persianas...

La casa estará llena de cámaras, sensores y microprocesadores ocultos. La casa podrá ver, interpretar y decidir. Por ejemplo: si un inquilino se cae por las escaleras y se tuerce un tobillo, la mente doméstica detectará la expresión de dolor de su cara y su inmovilidad, y entonces avisará a su médico. Otro ejemplo: en el suelo habrá sensores que reconocerán los pasos de cada inquilino para evitar los robos; cuando entre un desconocido, se activarán las alarmas.

Otro cambio importante será el de la ropa. En general, será mucho más cómoda y práctica que la que tenemos actualmente. Pronto usaremos tejidos inteligentes que se adaptarán a las temperaturas: cuando haga calor los poros de la tela se abrirán, y cuando haga frío, se cerrarán. Otra cosa importante es que ya no será necesario lavar la ropa; en los tejidos habrá bacterias inactivas que cuando detecten suciedad, sudor o células muertas, se pondrán a funcionar para destruirlas.

Adaptado de H. SALOMONE: "Los inventos del futuro", *El País semanal*

c) Lee el texto de nuevo y contesta a las siguientes preguntas:

- ¿Cuándo se activarán los sistemas de alarma de la casa del futuro?

- ¿Cuándo se pondrán a funcionar las bacterias de la ropa del futuro?

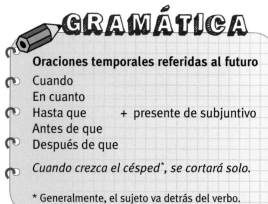

GRAMÁTICA

Oraciones temporales referidas al futuro

Cuando
En cuanto
Hasta que   + presente de subjuntivo
Antes de que
Después de que

Cuando crezca el césped*, se cortará solo.

* Generalmente, el sujeto va detrás del verbo.

d) Imagina que estamos en el año 2075. Estás en casa y tienes estos pequeños problemas. Usa tu imaginación para prever cómo se podrán resolver y escríbelo.

(La ropa está arrugada) (No hay comida en el frigorífico) (Un grifo no funciona)

(El perro quiere salir y está lloviendo) (Se va la luz) (Se secan las plantas)

► *Cuando la ropa esté arrugada, unas moléculas de metal que habrá en los tejidos la plancharán.*

e) Este es el prototipo del robot del futuro. En parejas (A/B) vais a leer parte de sus funciones. Después, comentad lo que habéis leído con vuestro compañero para completar toda la información.

► *¿Cuándo te traerá ropa cómoda y las zapatillas?*
► *Cuando llegues a casa.*

A

- .... te traerá ropa cómoda y las zapatillas.
- Cuando des una palmada, te hará la cena.
- .... recogerá la mesa.
- Cuando pulses el botón azul, pondrá tu programa de televisión favorito.
- ...., apagará la tele y todas las luces y te llevará a la cama.
- Cuando te levantes por la mañana, hará el desayuno y pondrá la mesa.
- .... te preparará un baño con agua caliente.

B

- Cuando estés cansado, te preparará un baño con agua caliente.
- .... hará el desayuno y pondrá la mesa.
- Cuando bosteces, apagará la tele y todas las luces y te llevará a la cama.
- .... pondrá tu programa de televisión favorito.
- Cuando pulses el botón rojo, recogerá la mesa.
- .... te hará la cena.
- Cuando llegues a casa te traerá ropa cómoda y las zapatillas.

2. Tu futuro inmediato

Lee estas preguntas y coméntalas con tu compañero. ¿Tenéis muchas coincidencias?

- ¿Hasta cuándo estudiarás español?
- ¿Qué harás cuando termines este curso de español?
- ¿Dónde vives actualmente? ¿Hasta cuándo vivirás allí?
- ¿Con quién vives actualmente? ¿Hasta cuándo vivirás con esa(s) persona(s)?
- ¿Cuándo dejarás tu actual trabajo (o tus estudios)?
- ¿Qué harás cuando te jubiles?

cuando

en cuanto

hasta que

1. ¿Tú crees?

a) Lee lo que dicen Nacho y Gonzalo. Nacho cree que en el futuro el ser humano vivirá en todos los planetas. ¿Crees que Gonzalo está de acuerdo?

En el futuro, el ser humano vivirá en todos los planetas.

¿Tú crees?

b) A continuación te presentamos cuatro cajas con expresiones para reaccionar ante una opinión. ¿Cuáles muestran acuerdo total? ¿Y desacuerdo? Ordénalas de mayor a menor grado de acuerdo.

A	B	C	D
a lo mejor igual quizá tal vez puede puede ser es posible/posiblemente	seguramente es (muy) probable/ probablemente me imagino supongo	sí, por desgracia sí, por suerte seguro está claro	¿tú crees? ¿seguro? no creo lo dudo (mucho)/ me extraña (mucho)

c) Estas son algunas predicciones que afectan al futuro del ser humano. Léelas y anota si estás de acuerdo o no utilizando expresiones del apartado 1b).

Desaparecerán las ediciones impresas, solo podremos leer en Internet.

El ser humano vivirá muchos más años.

Descubriremos el remedio para enfermedades graves como el cáncer y el sida.

En el futuro el ser humano vivirá en otros planetas.

Habrá cambios climatológicos muy importantes.

La diferencia entre países ricos y países pobres será menor.

d) Escribe cuatro predicciones para el futuro del ser humano o del planeta y cuatro expresiones para reaccionar ante una opinión (una de cada caja del apartado 1b).

e) En parejas. Escucha la primera predicción de tu compañero y reacciona con la expresión que has escrito en primer lugar. Razona la opinión resultante estés o no estés realmente de acuerdo con ella. Haced lo mismo con el resto de las predicciones.

PARA TERMINAR
El futuro del planeta
U n i d a d **5**

2. No sé lo que pasará

a) Hay muchas cosas sobre el futuro que no sabemos y que nos hacen tener miedo, deseos, esperanzas... Lee estas opiniones.

> No sé si habrá cambios climáticos, pero espero que los gobiernos reduzcan los niveles de contaminación de sus países para evitarlo.

> No sé cuánto viviremos, pero espero que la calidad de vida sea mejor.

COMUNICACIÓN

Expresar desconocimiento sobre el futuro

No sé
- si aprenderé otras lenguas.
- cuándo cambiaré de trabajo.
- cómo será mi vida.
- dónde viviré.
- cuánto tiempo estudiaré español.
- qué/lo que haré cuando vuelva a mi país.

b) ¿Cuáles son tus inquietudes sobre el futuro? Completa las siguientes frases expresando algo que desconozcas y un deseo relacionado con ello.

No sé si ...., pero espero ....
No sé cuándo..........................., pero ojalá ....
No sé dónde..........................., pero ....
No sé cómo..........................., pero ....
No sé lo que..........................., pero ....

3. Predicciones

a) ¿Conoces el significado de estas palabras? Forma parejas con una palabra de cada caja (ten en cuenta que no hay una única combinación).

desaparecer
descubrir
aumentar
explorar
extinguirse
investigar
cambiar
contaminar
curar

planetas
vacunas
especies animales
desiertos
agujero de la capa de ozono
medio ambiente
costumbres
enfermedades
mares

COMUNICACIÓN

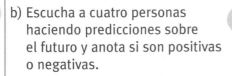

Expresar hechos posibles en el futuro

- Si seguimos investigando, encontraremos una vacuna contra el sida.
- Si no dejamos de contaminar, desaparecerá por completo la capa de ozono.

b) Escucha a cuatro personas haciendo predicciones sobre el futuro y anota si son positivas o negativas.

c) Escucha de nuevo y marca en los cuadros del apartado 3a) las palabras que oigas.

d) En grupos de tres, intentad reconstruir las predicciones que han hecho esas personas. ¿Con cuáles estáis de acuerdo? Comentadlo e intentad llegar a un acuerdo.

¡Extra!

¿Cómo imaginas tu vida dentro de 10 años? Escribe un texto en el que hables de tus predicciones, aspiraciones, deseos, etc.

Dos ciudades mágicas

1. Lee brevemente estos textos sobre dos ciudades y responde a las preguntas:
- ¿Dónde está cada una?
- ¿Cuántos habitantes tiene cada una?

LA CIUDAD VERTICAL

Dos arquitectos y una arquitecta españoles han inventado un edificio que supera lo imaginable: una especie de rascacielos de más de 1 200 metros con capacidad para ser habitado por 100 000 personas. Es la Torre Biónica. Es una ciudad vertical llena de luz y naturaleza.

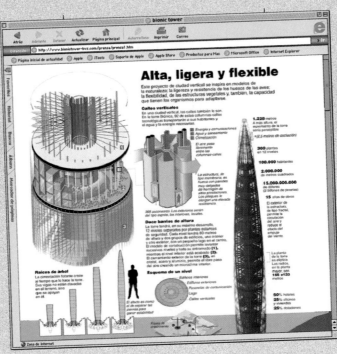

cio con poca luz y ventilación. Pero es casi lo contrario: es una ciudad vertical, un proyecto inspirado en la naturaleza, un edificio luminoso en el que crecen jardines y se respira aire puro.

La Torre Biónica será una ciudad formada por 12 barrios verticales. Sus habitantes se moverán por un recorrido con apariencia de espacio exterior.

Los tres arquitectos viajan por el mundo con un proyecto que a algunos les parece un disparate.

Equivaldrá a un rascacielos de 300 plantas. Medirá 1 228 metros de altura. Costará edificarlo alrededor de 12 000 millones de euros y se tardará 15 años en terminarlo.

Necesitará 368 ascensores (verticales y ¡horizontales!). Esta ciudad tendrá viviendas, hoteles, hospitales, oficinas, pero también instalaciones deportivas y lúdicas rodeadas de grandes jardines. Podrá ser habitada mientras se está construyendo.

Con esta descripción imaginamos a 100 000 personas concentradas en un mismo espacio.

Su idea quiere ser una solución para zonas superpobladas del planeta.

Los arquitectos están de acuerdo en que es más humano construir una casita frente al mar, pero se preguntan: "¿Qué se puede hacer cuando son varios millones de casitas frente al mar?".

El nombre de Torre Biónica viene de que este proyecto de ciudad vertical se inspira en modelos de la naturaleza: la ligereza y resistencia de los huesos de las aves; la flexibilidad de las estructuras vegetales y, también, la capacidad de adaptación de los organismos.

L. GÓMEZ: "La ciudad vertical", *El País semanal* (adaptación)

LA CIUDAD ABANDONADA DE MACHU PICCHU

Está construida sobre una montaña, entre dos picos de los Andes peruanos: Machu Picchu (Vieja Cumbre en quechua) y Huayna Picchu (Joven Cumbre), más alta que la primera, y que aparece siempre al fondo en todas las fotografías.

La ciudad está formada por templos, acueductos, fuentes, tumbas, terrazas, jardines e incontables escaleras. El conjunto ocupa una extensión de 20 000 metros cuadrados en un terreno muy accidentado; comprende dos grandes sectores: el urbano y el agrícola. El urbano, a su vez, se divide en dos barrios.

Las principales calles de la ciudad forman escaleras; hay cerca de cien, entre grandes y pequeñas. Se trata de una enorme obra de ingeniería: ejércitos de obreros llevaron toneladas de tierra y construyeron una ingeniosa red de acueductos y fuentes para llevar el agua desde los manantiales cercanos y, así, transformar aquel lugar, que aún hoy es fértil, en cultivable.

La ciudad inca es uno de los enigmas arqueológicos más bellos y fas-

cinantes: no se sabe realmente su función ni las actividades de sus habitantes, pero sus constructores lograron dominar la naturaleza e integrarla de forma genial.

2. Lee más despacio los dos textos y busca semejanzas y diferencias entre ambas ciudades. Comenta tus conclusiones con tu compañero y después con el resto de la clase.

3. Seguro que en tu país hay alguna ciudad peculiar o algún edificio o monumento que sea una obra de ingeniería especial. Piensa en alguno y explica a tus compañeros cómo es.

¡JUEGA CON EL ESPAÑOL!

C A N C I Ó N

• Escucha una canción del Dúo Dinámico y completa el texto que hay más abajo con lo que hará esta persona...

Resistirá, erguido frente a todo
.... de hierro para endurecer la piel
y aunque los vientos de la vida soplen fuerte
es como el junco que se dobla pero siempre sigue en pie.

.... para seguir viviendo,
.... los golpes y jamás ....
y aunque los sueños se le rompan en pedazos
.... , ...

• Ahora juega con tu compañero. Piensa en algo que harás en el futuro; tu compañero tiene que adivinar cuándo.

1. Relaciona cada texto con el tema que le corresponde.

A El ser humano será más consciente de los problemas del planeta y tendrá que ser más generoso y solidario para parar, por ejemplo, el efecto invernadero y las migraciones.

1 la vida cotidiana

B Aumentará el uso de las nuevas tecnologías en todas nuestras actividades: en el trabajo, en el ocio, en casa...

2 sociedad

C A pesar de la invasión de la cultura por las nuevas tecnologías, la cultura se hará más humana y existirá la posibilidad, por ejemplo, de leer libros delicadamente editados.

3 planeta

D Frente a la globalización, habrá que tener en cuenta el respeto a los derechos humanos. Las ONG conectarán más con la sociedad.

4 ser humano

E La tierra sufrirá grandes cambios climáticos.

5 cultura

2. Piensa cuáles son tus predicciones para el futuro en estos temas. Puedes tomar algunas notas con tus ideas:

- El planeta.
- El ser humano.
- La vida cotidiana.
- La familia y las relaciones personales.
- La sociedad.
- La cultura.
- La ciencia.

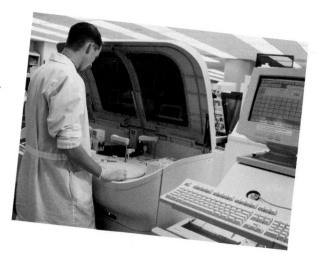

3. En grupos de tres o cuatro. Poned en común vuestros puntos de vista y preparad un reportaje sobre el futuro que recoja vuestras opiniones y en el que aparezcan predicciones, deseos, dudas...

4. Elaborad el reportaje en una cartulina de forma atractiva: con textos, fotos, dibujos, colores... y cualquier cosa que se os ocurra. Después, presentádselo al resto de la clase.

5. Entre todos, votad para elegir el que os ha parecido el mejor.

El trabajo

EN ESTA UNIDAD VAS A:

- Crear una empresa y elaborar un folleto para promocionarla.

PARA ELLO VAMOS A:

- Hablar del trabajo.
- Ofrecer ayuda.
- Dar instrucciones y órdenes.
- Transmitir las palabras de otros.

1. Trabajo en una oficina

Con un compañero, comenta estas cuestiones:

- ¿Qué te parece el trabajo de oficina?

- ¿Has trabajado alguna vez en una?

- ¿Conoces a alguien que trabaje en una? ¿Está contento?

2. Me encargo de...

a) Lee esta lista de cosas que se hacen en una oficina y marca cuáles aparecen en el dibujo central.

- mandar faxes
- escribir cartas
- visitar a clientes
- hacer fotocopias
- archivar documentos
- ir al banco
- despedir a gente
- firmar documentos

- pagar recibos
- recoger paquetes
- comprar material
- hacer facturas
- preparar reuniones
- contratar a gente
- hacer presupuestos
- redactar informes

b) ¿Quién se encarga de hacer cada una de esas cosas? Coméntalo con tu compañero.

El secretario se encarga de mandar faxes, escribir cartas...

3. ¿Te echo una mano?

a) Lee y escucha estos diálogos.

1
▶ *¿Quieres que te ayude a acabar los informes?*
▶ *No hace falta, gracias. Ya estoy terminando.*

2
▶ *¿Te echo una mano con esas cartas?*
▶ *Te lo agradezco, porque estoy muy liado.*

3
▶ *¿Quieres que vaya yo al banco?*
▶ *No, no hace falta. Ya voy yo.*

4
▶ *¿Archivo estos documentos?*
▶ *Sí, por favor.*

COMUNICACIÓN

Ofrecer ayuda

- ¿Quieres que te ayude a archivar?
- ¿Te ayudo con los informes?
- ¿Te echo una mano con las facturas?

b) Escucha estas conversaciones en las que varias personas ofrecen ayuda. Anota en el cuadro para qué se ofrece cada una.

1	
2	
3	
4	

c) Escucha de nuevo las conversaciones. ¿Aceptan la ayuda? Anótalo.

d) En parejas (A/B). Cada uno tiene que hacer las siguientes cosas:

A	B
archivar documentos mandar faxes hacer facturas escribir cartas	redactar informes recoger paquetes hacer fotocopias ir al banco

Piensa para qué actividades necesita ayuda tu compañero y ofrécete a ayudarle. Después, responde a sus ofrecimientos aceptando o rechazando su ayuda.

4. La agenda de Roberto

a) En la agencia de publicidad Zum han contratado a Roberto como secretario. Lee su agenda de hoy.

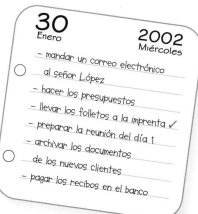

30 Enero — **2002** Miércoles

○ – mandar un correo electrónico al señor López
– hacer los presupuestos
– llevar los folletos a la imprenta ✓
– preparar la reunión del día 1
○ – archivar los documentos de los nuevos clientes
– pagar los recibos en el banco

b) Por la tarde, Roberto habla con Eva, su jefa. Escucha la conversación y marca en su agenda las cosas que ha hecho y las que no.

c) Haz una lista desordenada de cosas que sueles hacer todos los días y enséñasela a tu compañero. ¿Sabe qué cosas has hecho ya y cuáles no has hecho todavía?

▶ *¿Ya has leído el periódico?*

▶ *No, todavía no.*

GRAMÁTICA

Ya/Todavía no + pretérito perfecto

• *Ya* se utiliza para referirse a acciones que se han realizado en el pasado (vinculadas con el presente).
  Ya he ido al banco, está todo solucionado.

• *Todavía no* se utiliza para referirse a acciones previstas pero que aún no se han realizado.
  Todavía no he hecho los informes, pero los terminaré esta tarde.

1. Tienes un mensaje

a) Mónica trabaja en su casa. Normalmente sus días de trabajo son bastante tranquilos, pero hoy no ha parado de recibir correos electrónicos. Léelos.

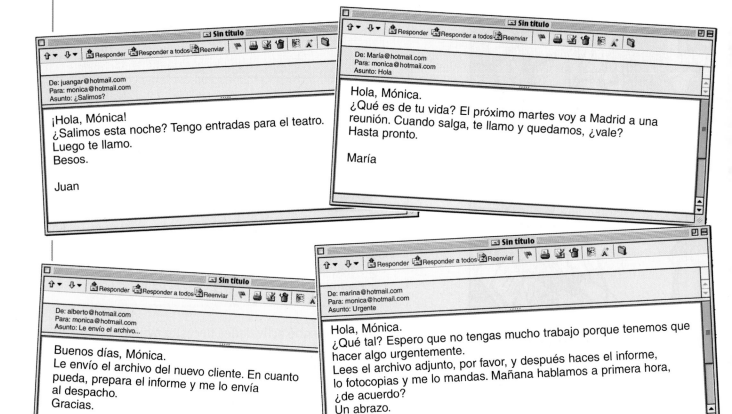

De: juangar@hotmail.com
Para: monica@hotmail.com
Asunto: ¿Salimos?

¡Hola, Mónica!
¿Salimos esta noche? Tengo entradas para el teatro.
Luego te llamo.
Besos.

Juan

De: María@hotmail.com
Para: monica@hotmail.com
Asunto: Hola

Hola, Mónica.
¿Qué es de tu vida? El próximo martes voy a Madrid a una reunión. Cuando salga, te llamo y quedamos, ¿vale?
Hasta pronto.

María

De: alberto@hotmail.com
Para: monica@hotmail.com
Asunto: Le envío el archivo...

Buenos días, Mónica.
Le envío el archivo del nuevo cliente. En cuanto pueda, prepara el informe y me lo envía al despacho.
Gracias.

Alberto

De: marina@hotmail.com
Para: monica@hotmail.com
Asunto: Urgente

Hola, Mónica.
¿Qué tal? Espero que no tengas mucho trabajo porque tenemos que hacer algo urgentemente.
Lees el archivo adjunto, por favor, y después haces el informe, lo fotocopias y me lo mandas. Mañana hablamos a primera hora, ¿de acuerdo?
Un abrazo.

Marina

b) Vuelve a leer los correos de Mónica y subraya todos los verbos en presente que encuentres.

c) Comenta con tu compañero si esos verbos hacen referencia al presente o al futuro.

d) El presente tiene varios usos en español que no se refieren al presente. Mira los ejemplos del cuadro de gramática. ¿Es igual en tu idioma? Coméntalo con el resto de la clase.

GRAMÁTICA

Usos del presente de indicativo

- Hablar de planes futuros.
  El martes voy a Madrid.

- Hacer sugerencias y proposiciones.
  ¿Salimos esta noche?

- Dar instrucciones y órdenes.
  Haces el informe y me lo mandas.

2. ¿Qué planes tienes?

a) En grupos de tres, elaborad un pequeño diálogo en el que incluyáis alguno de los usos del presente que aparecen en el cuadro de gramática anterior.

▶ *El viernes es la reunión. ¿Preparas tú el informe?*

▶ *Sí. ¿Preparas tú el presupuesto? Es que yo estoy muy liada.*

▶ *Vale.*

b) Si os atrevéis, representad el diálogo anterior con mímica; un compañero irá escribiendo en la pizarra el diálogo a medida que los demás lo van adivinando.

3. Hablas con Luisa y me llamas

a) Relaciona un elemento de cada columna para formar frases completas.

A.	Preparas las facturas...
B.	Hago las fotocopias...
C.	Llamo a Jorge...
D.	Firmas estos documentos...
E.	Preparo el presupuesto...

1.	... y los archivo.
2.	... y se lo digo.
3.	... y se las mandamos.
4.	... y se lo doy a Pedro.
5.	... y te las envío.

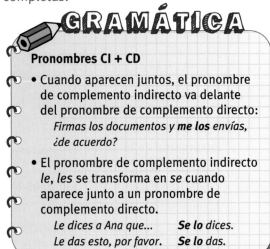

GRAMÁTICA

Pronombres CI + CD

- Cuando aparecen juntos, el pronombre de complemento indirecto va delante del pronombre de complemento directo:
  *Firmas los documentos y **me los** envías, ¿de acuerdo?*

- El pronombre de complemento indirecto *le, les* se transforma en *se* cuando aparece junto a un pronombre de complemento directo.
  Le dices a Ana que...   **Se lo dices.**
  Le das esto, por favor.   **Se lo das.**

b) En grupos de tres. Cada uno prepara frases como las del apartado anterior y escribe la mitad de cada una en una tarjeta. Después, se ponen todas boca abajo mezcladas. Por turnos, cada uno levanta dos tarjetas. Si forman una frase, obtienes un punto. Si no, se vuelven a dar la vuelta y el turno pasa al siguiente compañero.

4. Llama al contable y díselo

Para dar instrucciones podemos usar el imperativo o el presente de indicativo. Fíjate en el orden de los pronombres y completa estas frases.

1. Llamas al contable y se lo dices.   ➡   *Llama al contable y díselo.*

2. Estos son los informes, se los das a Raúl.   ...

3. ...   Las facturas, mándaselas a Ana.

4. Los recibos me los mandas a mí.   ...

5. ...   Coge la carta y envíasela ahora mismo.

5. ¿Me las dejas?

a) Dibuja cuatro tarjetas con cosas que te gustan.

b) Levantaos y moveos por la clase enseñando vuestras cuatro tarjetas. Cuando un compañero os pida algo prestado, se lo dais.

▶ *¿Me lo dejas?*

▶ *No, te lo doy.*

1. Yo me encargo de...

a) Enrique y Sofía han decidido montar su propia empresa: una tienda de ropa. Estos son algunos de los puntos importantes sobre los que tienen que pensar y decidir:

nombre
local
proveedores
material y muebles
plantilla necesaria
documentación necesaria

b) Esta es su lista de tareas pendientes. Complétala con las palabras anteriores.

1) Encargarse del ....: buscarlo y alquilar o comprar uno.

2) Encargarse de la ....: hacer entrevistas, contratar personal...

3) Presentar la .... para pedir una licencia en el Ayuntamiento, inscribirse en el Registro Mercantil, inscribir a los trabajadores en la Seguridad Social y en el INEM...

4) Acondicionar el local: comprar .... y decorarlo.

5) Buscar el producto o los productos que se van a vender: ponerse en contacto con los
....

6) Pensar un .... para la empresa y diseñar un folleto publicitario.

c) Escucha cómo se reparten Enrique y Sofía el trabajo y marca en la lista de qué se encarga cada uno.

	ENRIQUE	SOFÍA	LOS DOS
Presentar la documentación	☐	☐	☐
Ir al Ayuntamiento	☐	☐	☐
Buscar el local	☐	☐	☐
Hablar con los proveedores	☐	☐	☐
Pensar un nombre para la empresa	☐	☐	☐
Hacer las entrevistas a los candidatos	☐	☐	☐

COMUNICACIÓN

Encargarse de hacer algo

- Yo me encargo de los informes.
- Yo me ocupo de hacer los informes.
- Yo hago los informes.

2. Me han dicho que...

a) Enrique y Sofía están haciendo sus gestiones. Observa las siguientes situaciones y lee lo que les dicen varias personas a cada uno.

b) Lee de nuevo los bocadillos del apartado anterior y piensa quién de estas personas les ha dicho cada una de esas cosas.

El decorador   Un empleado del Registro Mercantil   Una proveedora

La propietaria de un local   Un posible dependiente

c) Después de resolver sus gestiones, Sofía y Enrique tienen una pequeña reunión. Lee lo que dicen.

► ¿Qué tal la mañana?

► Muy bien. He entrevistado a un chico. Parece muy competente, dice que lleva cinco años trabajando en tiendas de ropa. Y también he hablado con la proveedora. Me ha dicho que nos llama mañana.

► Perfecto. Pues yo he hablado con la propietaria del local y me ha dicho que si podemos ir a ver el local esta tarde. ¿Tú puedes?

► Sí, claro.

► Muy bien. También he hablado con el decorador y dice que tenemos que poner sus muebles Galaxia y pintar el local de blanco, que es como va a quedar mejor.

► Muy bonito, el blanco da luz y sensación de espacio... ¡Ah! Se me olvidaba, en el Registro Mercantil me han dicho que cuándo queremos abrir el negocio.

► Pues lo antes posible. A ver si nos gusta el local de esta tarde.

d) Ten en cuenta los bocadillos del apartado 2a) y busca ejemplos en el texto para completar el siguiente cuadro:

Cambios que se producen al transmitir mensajes:	
– de persona:	– de posesivo:
....	....
– en preguntas:	– de verbos:
....	....

3. ¿Quieres que le deje algún recado?

a) Escucha estas conversaciones telefónicas y anota los mensajes (solo lo importante).

Ha llamado Joaquín
y ha dicho que...

Ha llamado tu
hermano y ha
dicho que...

Ha llamado Rosa
y ha dicho que...

b) Escribe mensajes anónimos (todos los que puedas) y envíaselos a tus compañeros. El que lo reciba tiene que dejar de escribir y reaccionar de acuerdo con lo que lea diciendo algo a otro compañero. Este, a su vez, deberá responder a lo que se le dice. El profesor será el cartero.

Mohammed:
Dile a Akira que
si tiene hora.

Kathy:
Dile a Tom que te
gusta su bolígrafo.

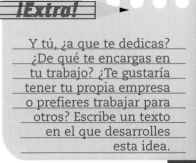

¡Extra!

Y tú, ¿a qué te dedicas? ¿De qué te encargas en tu trabajo? ¿Te gustaría tener tu propia empresa o prefieres trabajar para otros? Escribe un texto en el que desarrolles esta idea.

Empresas latinoamericanas.com

1. ¿Sabías que el 35% de los latinoamericanos tiene menos de 25 años? ¿Y que es el territorio con más futuro para los negocios de Internet?

Lee estos textos sobre tres empresas latinoamericanas relacionadas con Internet.

DEREMATE.COM

"¿Buscas un cuadro de Botero o unas botas de vaquero?" Es el eslogan publicitario de Deremate.com, una página de Internet donde la gente coloca objetos para ponerlos a subasta. La creó en el 2000 el mexicano José Marín, con solo 28 años.

Juan Santaella, venezolano de 30 años, es el director en Miami de Deremate.com. Dejó su trabajo en Visa América, estable y bien pagado, para dedicarse a la locura que es subastar cosas entre gente que ni se ve ni se oye, ni lo hará nunca. "Tenemos más de 300 000 productos para subastar, desde entradas para conciertos a avionetas, pasando por casi cualquier objeto que puedas imaginar." Deremate posee en España Ibazar.com.

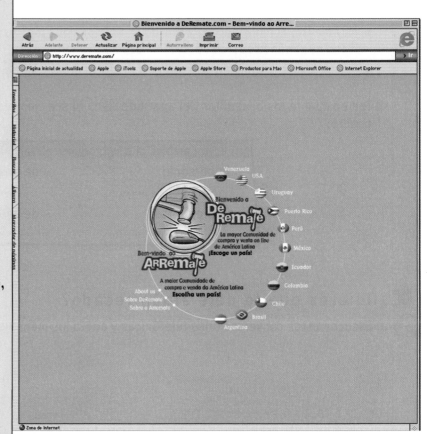

PATAGON.COM

En 1994, Wenceslao Casares, con solo 20 años, creó la primera empresa para dar acceso a Internet en Argentina. La primera plantilla estaba formada por cuatro empleados.

A los tres años tenían 5 000 abonados al servicio. Después, vendieron la empresa y crearon Patagon.com, un espacio en la Red donde los argentinos podían comprar y vender acciones, pagar recibos sin hacer cola en el banco o, simplemente, informarse gratis al instante de las cotizaciones de Bolsa.

Wenceslao montó esta empresa con 30 000 euros y al cabo de tres años la vendió al banco español BSCH, pero con la condición de seguir al frente y mantener el 17% de Patagon.com. Poco tiempo después, solo el 17% de Wenceslao estaba valorado en 450 000 000 de euros.

YUPI.COM

Era 1996, acababa de nacer el portal Yahoo! Carlos Cardona, colombiano residente en Estados Unidos tenía entonces 22 años y desde pequeño pasaba el día y la noche delante del ordenador; decía que estaba cansado de navegar por Internet y de leer todo en inglés, así que tuvo la idea de ponerlo en español: fundó en Miami Yupi.com, un espacio en español para todo el mundo.

Trabajaron los cinco primeros años con una plantilla de ocho empleados, pero al año siguiente ya eran trescientos.

Carlos Cardona emplea tres lemas: "El más fácil, el más fácil, el más fácil". Dice que "en muchos países, el mayor inconveniente de Internet es la lentitud de la comunicación. Esa es una parte del éxito". Otro rasgo que diferencia a Yupi es que cataloga las páginas a mano, "nada de robots" y, además, contrata a personas mayores. "Solo valoramos a la gente por su trabajo. Yupi quiere que todo el mundo se encuentre como en su casa, que seamos una gran familia."

2. ¿Qué ofrece cada una de las empresas anteriores? Relaciona un elemento de cada columna:

1. Patagon.com

2. Deremate.com

3. Yupi.com

a. Subastas

b. Una página general

c. Información económica

3. En grupos de tres.

• Repartíos los textos e intentad memorizar la máxima información de ellos.

• Cerrad los libros y contad a vuestros compañeros todo lo que recordéis del texto que habéis leído.

• Responded a las preguntas que os va a hacer el profesor. ¿Qué grupo ha sido capaz de recordar más cosas?

¡JUEGA CON EL ESPAÑOL!

NOMBRES DE EMPRESAS

• ¿Sabes lo que significan las siglas S. A.? Si no lo sabes, pregúntaselo a tu profesor.

En España, tradicionalmente, han existido y existen muchas empresas cuyo nombre contiene estas siglas: ENDESA, PROSESA, SALUGESA... Vamos a jugar a inventar nombres de empresas.

• Haz una lista de palabras en español que terminan en –sa. Si no se te ocurren, más abajo puedes encontrar algunas.

• Usa tu imaginación y piensa a qué podrían dedicarse las empresas con esos nombres. Por ejemplo: una empresa llamada CURIOSA sería una empresa de detectives.

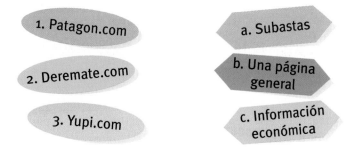

esposa estudiosa expresa silenciosa

rosa cosa excusa traviesa

famosa preciosa lisa mesa prensa

1. Estos son los folletos de dos empresas. Piensa los pasos más importantes que hay que seguir para montar cada uno de estos negocios y anótalo. Después, comenta tus conclusiones con tu compañero:

LIBROBÚS

El autobús de la cultura

La biblioteca ambulante

¿No tienes tiempo de ir a la biblioteca? No te preocupes, llámanos y te llevamos el libro a casa. También puedes bajar a nuestro autobús y buscar los libros que te interesen para leer en nuestro autobús o en tu casa.

PATATÍN

Patatas con salsa

¿Te gustan las patatas?

¿Te gusta la salsa?

Ven a Patatín y come nuestras deliciosas patatas con más de 30 salsas.

Si estás a dieta, puedes probar nuestras patatas y salsas bajas en calorías.

¡Están riquísimas!

Muévete y ven a conocernos.

Y además, mientras disfrutas comiendo, disfrutarás oyendo a los mejores grupos de salsa en directo.

2. En grupos de cuatro, vais a montar un negocio. Puede ser uno de los anteriores o cualquier otro tipo de empresa.

Decidid lo siguiente:

- ¿Qué producto/s vais a vender?
- ¿A qué público va dirigido? (infantil, joven, adulto...)
- ¿Va a ser una empresa pequeña, mediana o grande?

3. Pensad en todos los trabajos y pasos que tenéis que seguir para montar la empresa y tomad nota.

4. Repartíos el trabajo: decidid de qué funciones se va a encargar cada uno.

5. Inventaos un eslogan y diseñad un folleto publicitario de vuestra empresa. Colgadlo en la pared para que vuestros compañeros puedan verlo.

Compañeros de clase

Unidad

7

EN ESTA UNIDAD VAS A:

● Elaborar un folleto informativo del colegio ideal.

PARA ELLO VAMOS A:

○ Hablar de habilidades.

○ Expresar permiso, obligación y prohibición.

○ Hacer valoraciones.

○ Argumentar una opinión.

73 *setenta y tres*

1. ¿Erais buenos estudiantes?

¿Tus compañeros de clase eran buenos estudiantes en el colegio? Pregúntales y completa la tabla.

	Nombres
¿A quién se le daban bien las asignaturas de letras?	
¿Quién era bueno en las asignaturas de ciencias?	
¿A quién se le daban bien los deportes?	
¿Quién tenía facilidad para los idiomas?	
¿Quién solía estudiar a diario?	
¿Quién estudiaba solamente el día anterior al examen?	

COMUNICACIÓN

Hablar de habilidades

- Se me daba bien/mal/regular/ ... la Historia.
- Era bueno en Matemáticas.
- Tenía facilidad para los idiomas.

VOCABULARIO

Asignaturas

Matemáticas
Física
Química
Lengua
Literatura
Historia
Geografía
Música
Dibujo
Educación Física

2. Me gusta ir a clase

a) Lee brevemente el texto y contesta a las preguntas que hay debajo.

Cada mañana llego al trabajo y me encanta.
Veinte personitas mirándote con sus ojos limpios,
deseando aprender y divertirse, aprovechando
cada cosa que les dices, cada cosa que les enseñas.

Mirad. Sed buenos. Lavaos las manos. No os peguéis. Callad.
Sí, profe. No quiero. Quiero agua.
Portaos bien. No digáis mentiras. Recoged los juguetes.
No quiero. Guillermo me ha pegado. Tengo sueño.
Comed. Si no coméis, no os haréis mayores. Estaos quietos.
Sí, profe. Hasta mañana.

Me encanta..., pero es agotador.

- A qué se dedica la persona que ha escrito el texto?
- ¿En qué tipo de centro trabaja?

EN PRIMER LUGAR
Recuerdos del colegio
U n i d a d **7**

b) Lee de nuevo el texto y subraya los verbos. Después, completa el siguiente cuadro.

GRAMÁTICA

Imperativo (2.ª persona del plural)

	AFIRMATIVO	NEGATIVO (presente de subjuntivo)
cantar	cantad	no ....
comer	....	no ....
escribir	....	no escribáis
lavarse	....	no os lavéis
ponerse	pon**eos**	no ....
vestirse	vest**íos**	no ....

c) Y a ti, ¿qué cosas te ordenaban o te prohibían cuando eras pequeño? Haz una lista con, al menos, seis cosas.

d) En grupos de tres, comparad vuestras listas. ¿Hay muchas diferencias? ¿Creéis que se deben a cuestiones culturales o personales?

3. ¿Qué has dicho?

a) Relaciona un elemento de cada columna.

1. Vamos a dibujar.

2. ¿Qué haces?

3. ¿Tienes sueño?

4. Siéntate.

¿QUÉ?

a. Que si tienes sueño.

b. Que vamos a dibujar.

c. Que te sientes.

d. Que qué haces.

b) Ahora, completa el cuadro.

GRAMÁTICA

Estilo indirecto

Cuando tenemos que repetir las palabras que hemos dicho se producen ciertos cambios:

- .... + información
- .... + ... + pregunta de respuesta *si* o *no*.
- .... + ... + pregunta con pronombre interrogativo (*qué, quién, dónde, cuándo*...)

Si lo que repetimos es una orden en imperativo, este se transforma en presente de subjuntivo.

► *Siéntate.*
► *¿Qué?*
► *Que te sientes.*

c) Completa estos diálogos. Después, compara los resultados con los de tu compañero.

► ¿De dónde vienes?
► ¿Cómo?
► ....

► Levántate, por favor.
► ¿Perdona?
► Que ....

1. Normas y convivencia

a) Lee el siguiente texto.

NUESTRO COLEGIO

- **Horarios:**

  Las clases empezarán a las nueve de la mañana y terminarán a las seis de la tarde, con un descanso de dos horas para comer y relajarse. Todos los alumnos tendrán que llegar puntualmente y, por supuesto, no podrán faltar a clase ni ausentarse temporalmente sin una causa justificada.

- **Uniforme:**

  Los alumnos asistirán al colegio con uniforme. El uniforme estará limpio y completo. Los días que se impartan clases de Educación Física deberán traer al centro ropa adecuada para practicar deporte.

- **Comedor:**

  Los alumnos comerán con corrección. Al levantarse, dejarán la bandeja en su sitio y colocarán su silla. No se permitirá la salida de alumnos del comedor al patio con pan, fruta, etc.

- **Recreo:**

  Durante el recreo todos los alumnos estarán en el patio o, si lo prefieren, en la biblioteca. Al terminar el recreo, los alumnos no se entretendrán por los pasillos o aseos, subirán directamente a sus aulas.

COMUNICACIÓN

Expresar obligación, permiso y prohibición

- Es obligatorio/Nos obligan a/Nos hacen llevar uniforme.
- Está permitido/Nos dejan/Podemos/ Nos permiten estar en la biblioteca durante el recreo.
- Está prohibido/Nos prohíben/No podemos/No nos dejan llegar tarde.

b) Lee detenidamente el texto del apartado anterior y completa lo que dice un alumno.

En mi colegio es obligatorio llegar a las nueve.

Nos dejan .... Nos .... llevar uniforme.

Está .... sacar alimentos del comedor.

Nos .... estar en la biblioteca a la hora del recreo.

No nos .... faltar a clase.

c) ¿Y tú? ¿Ibas a un colegio con mucha disciplina? ¿Qué cosas estaban prohibidas? ¿Qué cosas permitidas? Habla con tu compañero.

▶ *En mi colegio nos obligaban a ir de uniforme y estaba prohibido llevar accesorios de colores.*
▶ *Pues en el mío había uniforme, pero también nos dejaban ir con ropa de calle.*

2. Deberes y obligaciones

a) ¿Conoces estas palabras y expresiones? Relaciona cada ilustración con la acción correspondiente.

Hacer los deberes.

Atender en clase.

Portarse mal en clase.

Sacar buenas notas.

Faltar a clase.

Ayudar a los compañeros.

Tratar bien el material escolar.

Copiar en un examen.

1

2

3

4

5

6

7

8

b) Escucha a algunas personas que nos hablan de recuerdos del colegio y completa el cuadro.

	1	2	3
¿Qué hizo?			
¿Le castigaron o le premiaron?			
¿Cuál fue el premio o el castigo?			

c) Piensa en la respuesta a estas preguntas y toma algunas notas (puedes usar el diccionario). Después, coméntalas con tus compañeros.

- ¿Alguna vez tuviste algún problema cuando ibas al colegio? ¿Por qué?
- ¿Te pasó algo original o divertido alguna vez?

1. Y tú, ¿qué opinas?

a) Lee lo que dicen algunas personas sobre el uniforme escolar. ¿Cuál de estas cosas hacen?

☐ exponer un hecho   ☐ dar una orden   ☐ valorar un hecho

1
Está muy bien que los niños tengan que llevar uniforme porque es más cómodo para los padres.

2
Me parece absurdo que obliguen a los niños a llevar uniforme, no entiendo la razón de que vayan vestidos todos igual.

3
Me parece una buena idea que los niños lleven uniforme porque tiene muchas ventajas pero a la mayoría no le gusta..., quizá es mejor que lo decidan ellos.

b) Y tú, ¿estás a favor o en contra de que los niños lleven uniforme? Coméntalo con tu compañero.

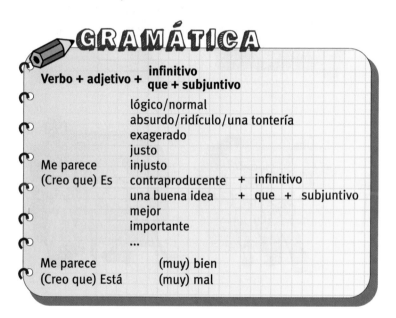

GRAMÁTICA

Verbo + adjetivo +	infinitivo / que + subjuntivo

Me parece (Creo que) Es	lógico/normal absurdo/ridículo/una tontería exagerado justo injusto + infinitivo contraproducente + que + subjuntivo una buena idea mejor importante ...
Me parece (Creo que) Está	(muy) bien (muy) mal

c) Aquí tienes algunas formas de argumentar una opinión. Completa las frases con los argumentos del apartado 1a) o con otros.

Si estamos a favor, damos una razón:

Me parece bien que los niños lleven uniforme porque...

Si estamos en contra, damos una razón:

Me parece muy mal que castiguen a un niño por portarse mal porque...

Hacemos una sugerencia:

Me parece exagerado que dejen a un niño sin recreo por falsificar las notas. Lo que hay que hacer es/Lo mejor es/Es mejor.../¿Por qué no...?

d) Comenta tus opiniones con dos compañeros. ¿Estáis de acuerdo?

> ► *¿A vosotros qué os parece que dejen a un niño sin recreo por falsificar las notas?*

> ► *A mí me parece un poco exagerado. Creo que el niño merece un castigo, pero ¿por qué no algo más positivo?*

> ► *Pues a mí me parece bien. Falsificar las notas es algo muy grave.*

2. No sé si me explico

a) Escucha y lee el siguiente diálogo.

> ► Actualmente, los chicos entienden de otra manera el respeto. Hoy día se están perdiendo muchos valores. Antes...

> ► Pero...

> ► Espera un momentito, que no he terminado.

> ► ¡Ah! Perdona. Sigue, sigue...

> ► Antes se tenía más respeto a los mayores, sabías cuándo te portabas bien e intentabas ser un buen chico.

> ► No sé si te estoy entendiendo bien. ¿Quieres decir que los chicos de ahora son distintos?

> ► No..., a lo mejor me he explicado mal. Lo que quiero decir es que creo que algunas cosas han cambiado en la sociedad, en la educación...

> ► Sí, puede ser. ¿Y no crees que también ha habido cambios positivos?

b) ¿Estás de acuerdo con las ideas expresadas en el texto anterior? ¿Estás a favor o en contra de los castigos?

c) En grupos de tres, comentad vuestra opinión sobre este tema (usad expresiones del cuadro de vocabulario).

VOCABULARIO

Expresiones para desenvolverse en la conversación

- Continuar hablando.
  (Espera) un momentito, que no he terminado.

- Indicar inseguridad en la comprensión de algo.
  No sé si te estoy entendiendo bien...
  ¿Quieres decir que...?

- Comprobar o indicar que se ha comprendido algo.
  O sea que.../Es decir que.../Entonces...
  En resumidas cuentas, que...

- Corregir lo que uno mismo ha dicho.
  No... a lo mejor me he explicado mal.
  Lo que quiero decir es que...

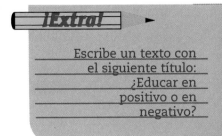

¡Extra!

Escribe un texto con el siguiente título:
¿Educar en positivo o en negativo?

Proyectos educativos diferentes

1. Aquí tienes información sobre tres colegios latinoamericanos. En todos ellos se sigue la normativa oficial, pero, además, valoran otros aspectos. Lee los textos para descubrir cuáles son.

ECATEPEC (MÉXICO)

Los estudiantes tienen la posibilidad de cursar un Bachillerato Tecnológico con Computación y de prepararse para continuar sus estudios en la universidad y obtener el título de Técnico Profesional en Computación paralelamente a los estudios de Bachillerato.

Su objetivo es dotar al estudiante de los conocimientos y habilidades de la normativa de Bachillerato, además de prepararle en las ciencias de la computación y la informática formando individuos competentes para el futuro laboral. Pero todo ello sin dejar de lado el desarrollo de los valores humanistas en el espíritu del estudiante como: el respeto, el compromiso, la honradez y un espíritu de responsabilidad y superación.

CÓRDOBA (ARGENTINA)

El punto de partida de este proyecto de enseñanza es aprender música haciendo música. La enseñanza combina desde el primer momento la teoría con la práctica musical, sobre todo en el campo de la interpretación vocal e instrumental.

Tiene como objetivos específicos:

* Integrar las asignaturas de la normativa currículo oficial con la música.

* Conocer y aprender a tocar un instrumento y potenciar la improvisación.

* Educar la voz.

* Revalorizar el gusto por todas las manifestaciones culturales y estéticas.

* Subrayar el papel de la práctica musical como medio de expresión personal, de creación y experimentación.

VALPARAÍSO (CHILE)

Este colegio, con un máximo de veinte alumnos por curso, se ha propuesto trabajar en contacto permanente con la naturaleza. Ofrece un aprendizaje basado en la experiencia donde se trabaja tanto en el aula como fuera de ella para formar personas completas. De esta manera, se logra el éxito académico a la vez que se adquieren valores humanistas y una fuerte conciencia ecológica.

Las actividades del colegio son variadas y se realizan en un ambiente alegre, fomentando así la socialización. Aparte del programa escolar se incluye una formación física diaria, se proporciona un espacio social abierto a la reflexión y a la discusión, se desarrolla el sentido estético y la curiosidad científica y siempre teniendo en cuenta las necesidades y ritmos de aprendizaje de cada alumno.

2. Relaciona un elemento de cada columna.

1 colegio de Ecatepec   a. música

2 colegio de Córdoba   b. ecología

3 colegio de Valparaíso   c. informática

3. En grupos de tres. Comentad estas cuestiones.

• ¿Cuál de los tres colegios te parece más innovador? ¿Y más convencional? ¿Por qué?

• ¿A cuál te gustaría haber asistido en tu etapa escolar?

• ¿A cuál de ellos te gustaría llevar a tu hijo? ¿Por qué?

• ¿Sabes si existe algún colegio similar en tu país?

¡JUEGA CON EL ESPAÑOL!

R
I
M
A
S

• ¿Sabes lo que es un pareado? Vamos a jugar a hacer juicios y valoraciones mediante pareados.

Trabajad en grupos de cuatro.

• Recordad algunos de los exponentes que usamos para valorar:

Me parece lógico/normal/ridículo/exagerado/injusto/justo/contraproducente/una buena idea/mejor/importante/(muy) bien/(muy) mal.

• Aquí tenéis algunas palabras que riman con los exponentes anteriores.

Cien, zoológico, marea, tren, al lado, vehículo, aldea, helado, círculo, susto, flor, diente, disgusto, animal, elefante, periódico, delante, estudiante, parapente, Alicante, hospital, cantante, vegetal, chaval, guisante.

• Ahora, entre los tres, componed dos pareados. Escribid la mitad de cada uno en una tarjeta.

Mezclad todas las tarjetas de la clase y coged una. Moveos por la clase y leed vuestra tarjeta en voz alta para encontrar vuestra pareja.

Me parece muy bien
que viajemos en tren.

1. Mercedes y Lorenzo dan su opinión sobre algunos aspectos de los colegios. Escucha y completa el cuadro.

	Está a favor de...	Argumentos
Mercedes		
Lorenzo		

2. En grupos de cuatro, vais a diseñar el colegio ideal. Pensad en los siguientes puntos:

- ¿Colegio mixto o no?

- ¿Colegio religioso o laico?

- Proyecto educativo: ¿basado en resultados académicos u otros valores? Especificad los objetivos del colegio.

- Normas.

3. Opinad y argumentad para llegar a un acuerdo en cada punto.

4. Confeccionad un folleto informativo en el que se especifiquen el proyecto educativo del colegio, las características del centro, las normas del mismo, etc.

EN ESTA UNIDAD VAS A:

- Hacer un telediario.

PARA ELLO VAMOS A:

- Recabar información para contar una noticia (protagonistas, momentos, lugar, causas, consecuencias...).
- Describir situaciones.
- Expresar duración.
- Redactar y transmitir una noticia.

1. Noticias de actualidad

a) Estos son algunos de los acontecimientos que pueden convertirse en una noticia de actualidad. ¿Conoces el significado de todas las palabras?

A

atentado	concierto	estreno	robo
elecciones	mitin	accidente de tráfico	
congreso	manifestación	partido de fútbol	

b) Lee la noticia que transmite un reportero. ¿A qué acontecimiento del apartado anterior crees que se refiere? Completa el texto.

> Son las diez menos cinco de la noche. Está a punto de empezar el .... del año en nuestra ciudad. Estamos en la plaza Mayor. Hay miles de personas esperando a su ídolo alrededor de la plaza. Hay un ambiente increíble. La noche promete ser inolvidable.

c) ¿Qué palabras del texto anterior te han ayudado a saber de qué acontecimiento se trataba? Subráyalas y compara los resultados con los de tu compañero.

d) Aquí tienes más palabras útiles para narrar acontecimientos y noticias de actualidad. Léelas y busca en el diccionario el significado de seis palabras que no conozcas. Después, habla con tus compañeros para conocer el significado de todas las demás.

B

ganar	público	sindicatos
perder	fans	empresarios
campo	estrella	militantes
hinchas	aplaudir	pancartas
árbitro	cámaras	ministro
primer tiempo	actores	trabajadores
meter un gol	periodista	condiciones laborales

e) ¿Con cuál de los acontecimientos del apartado 1 a) relacionas cada una de las listas de palabras anteriores? Anótalo y compara tus resultados con los de tu compañero.

2. Hay mucha gente esperando

a) Mira los dibujos centrales. Después, lee las frases de los reporteros que están transmitiendo las noticias y anota a qué ilustración corresponde cada una.

1. La gente está esperando para ver a sus estrellas.
2. El presidente y el secretario acaban de inaugurar el acto.
3. Están a punto de abrirse las puertas de los colegios electorales.
4. Los actores están a punto de llegar.
5. La primera conferencia está a punto de comenzar.
6. Hay muchos votantes esperando para entrar.

b) Lee las frases del apartado 2a) y contesta a estas preguntas. Después, comprueba los resultados con el cuadro de gramática:

- ¿Cuáles expresan una acción que está sucediendo en ese momento?
- ¿Cuáles expresan una acción que va a suceder enseguida?
- ¿Cuáles hablan de una acción que ha sucedido hace un instante?

c) Fíjate en la ilustración y completa las palabras de la reportera:

C

GRAMÁTICA

Perífrasis verbales

- **Estar + gerundio**

  Se utiliza para referirse a una acción que está sucediendo en el momento presente.

  La gente está esperando para ver a sus estrellas.

- **Estar a punto de + infinitivo**

  Se utiliza para presentar una acción inminente, muy próxima al momento presente.

  Los actores están a punto de llegar.

- **Acabar de + infinitivo**

  Se utiliza para referirse a una acción pasada muy próxima al momento presente.

  La policía acaba de detener a los sospechosos.

Buenas tardes. Un camión .... chocar contra un semáforo y ha producido un gran atasco en el centro de la ciudad. Mucha gente .... al lugar del accidente y nos han confirmado que una ambulancia .... llegar. De momento, esto es todo. Conectaremos de nuevo cuando tengamos más noticias.

d) Escucha y comprueba.

e) ¿Quieres ser reportero? Elige un acontecimiento de la actividad 1a) y haz una breve descripción de la escena. Tu compañero tiene que adivinar de qué acontecimiento se trata.

1. La manifestación duró más de tres horas

a) Estos son los fragmentos de algunas noticias de actualidad. Léelos y marca cuál de estos aspectos se menciona en todos ellos.

☐ el momento　　　☐ el lugar　　　☐ la duración　　　☐ las circunstancias

LA MANIFESTACIÓN DURÓ ALGO MÁS DE TRES HORAS

El estreno de la obra teatral fue un éxito. Los espectadores estuvieron aplaudiendo más de diez minutos.

EL SOSPECHOSO HA ESTADO DECLARANDO DURANTE VEINTICINCO MINUTOS.

La gente ha estado esperando dos horas para ver a sus ídolos.

La ministra ha estado reunida dos horas y media con los representantes de los sindicatos.

El concierto duró tres horas y cincuenta minutos.

COMUNICACIÓN

Expresar la duración

- El público ha estado aplaudiendo diez minutos.
- La ministra ha estado reunida toda la mañana.
- La manifestación ha durado tres horas.

b) Escucha unas noticias de actualidad y completa la tabla.

	NOTICIA	LUGAR	DURACIÓN
1	elecciones	colegio electoral	...
2	...	...	todo el día
3	intento de robo	...	...

c) Escribe dos listas, una de cosas que hayas hecho en tu vida y otra con la duración, pero desordenadas. Tu compañero tendrá que relacionarlas haciéndote preguntas.

▶ *¿Estuviste catorce años viviendo en Valladolid?*

▶ *No, estuve más tiempo.*

▶ *Ah, entonces..., ¿estuviste dieciocho años?*

▶ *Sí.*

Estuve viviendo .... en Valladolid.
Estuve .... en el colegio.
Ayer estuve estudiando ....

toda la tarde
catorce años
dieciocho años

2. La más grande, la más rápida

a) Lee lo que dicen estos presentadores de televisión.

> Hoy en Alicante han preparado la paella más grande del mundo. La paellera medía 400 metros cuadrados y se han empleado 6.000 kilos de arroz y 300 de sal.

> Ha batido el récord y se convierte en la mujer más rápida del mundo.

b) Completa las siguientes afirmaciones. Después, compara los resultados con los de tu compañero.

El Everest es la montaña más alta del mundo, mide 8850 m.

- En Atapuerca (España) se encuentran los restos humanos más .... de Europa, que tienen un millón de años.
- El reinado .... de la Historia fue el de Luis III de Portugal, que duró 20 minutos.
- El Nilo es el río .... del mundo: mide 6 695 km.
- Tokio es la ciudad .... del planeta: en el 2000 tenía 26.4 millones de habitantes.

c) En pequeños grupos. Cada uno piensa en otros récords, el resto tiene que intentar adivinar de qué persona o lugar se trata.

▶ *Es el país con la pirámide más grande del mundo.*
▶ *¿Egipto?*
▶ *No.*
▶ *¿México?*
▶ *Sí.*

3. Más de..., menos de...

a) Busca la siguiente información entre los acontecimientos de la actividad 1a):

- ¿Cuáles de los acontecimientos duraron más de tres horas?
- ¿Cuáles duraron menos de tres cuartos de hora?
- ¿Qué acontecimiento duró casi cuatro horas?
- ¿Qué acontecimiento ha durado alrededor de media hora?

b) Lee estas cifras y escribe la cantidad a la que se aproxima cada una. Utiliza las expresiones del cuadro de vocabulario.

1 712 453 −	*alrededor de un millón setecientos mil*
525 500 −	....
9 800 000 −	....
499 −	....
51 000 −	....

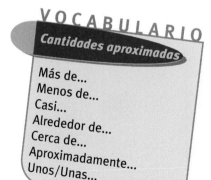

VOCABULARIO

Cantidades aproximadas

Más de...
Menos de...
Casi...
Alrededor de...
Cerca de...
Aproximadamente...
Unos/Unas...

c) Escucha unas noticias y marca en esta lista a qué cantidades se refieren.

- [ ] 4 800
- [ ] 3 154 932
- [ ] 14 895
- [ ] 2 467 760
- [ ] 357 234
- [ ] 1 995 965

1. Noticias frescas

a) Lee estas tres noticias y relaciona cada una con uno de estos titulares.

| A | BODA DE ESTRELLAS | B | EL TENIS ESPAÑOL EN RACHA | C | INCENDIO EN EL CENTRO |

1

La semana que viene se casará el cantante Rockendo con la guitarrista de su grupo, Mirta. La boda será en su casa y se celebrará en la más estricta intimidad. A la boda asistirán sus amigos y familiares.

Debido a su gran popularidad, se espera que miles de fans acudan al acontecimiento, por lo que la estrella ha contratado fuertes medidas de seguridad para impedir la entrada al recinto de otras personas que no sean sus invitados.

En cuanto al número de personas que va a asistir al enlace, no tenemos muchas noticias, pero **parece ser que** habrá varios artistas famosos y personajes públicos de todo el país.

Según han declarado, los novios irán a pasar su luna de miel a la isla de Madeira, donde permanecerán hasta que el cantante comience su gira mundial el próximo mes de junio.

2

Todos nuestros tenistas, **excepto** Marta Marrero, se han clasificado para la siguiente ronda del torneo de Wimbledon.

En la tarde de ayer se jugó el partido entre Juan Carlos Ferrero y Guillermo Cañas en el que el tenista español resultó ganador. Fue un partido muy duro e igualado, pero finalmente se impuso Ferrero en el último set. Ferrero jugará el próximo viernes contra el vencedor del partido de mañana.

En cuanto a las tenistas femeninas, Conchita Martínez acaba de ganar a la italiana María Elena Camerin en un partido muy disputado. **Por desgracia**, nuestra otra representante en el torneo, Marta Marrero, ha sido eliminada por la estadounidense Jenifer Capriati.

Ayer al mediodía un camión cisterna chocó contra una gasolinera.

El camión circulaba por la avenida de Los Arces. El semáforo se puso rojo y la gente empezó a cruzar, pero el camión iba tan deprisa que el conductor no tuvo tiempo de frenar, tuvo que girar bruscamente y chocó contra una gasolinera. El impacto provocó una gran explosión.

Por suerte no hay que lamentar víctimas mortales, pero sí varios heridos, tres de ellos (el encargado de la gasolinera y dos peatones) bastante graves.

3

b) Elige una noticia y escribe brevemente la respuesta a algunas de estas preguntas.

¿Cuándo?   ¿Qué?   ¿Quién/es?   ¿A quién?

¿Cómo?   ¿Dónde?   ¿Por qué?

c) Comprueba tus resultados con los de otros compañeros que han trabajado con la misma noticia.

2. Las claves

a) Busca la siguiente información en las noticias de la actividad anterior y anota las respuestas.

- ¿Con quién se casará el cantante Rockendo?
- ¿Hasta cuándo estarán Rockendo y Mirta de luna de miel?
- ¿Contra quién jugará Ferrero el próximo viernes?
- ¿Contra qué chocó el camión?

b) Completa estas preguntas: puedes ayudarte de las respuestas y del cuadro de gramática.

1. ► ¿.......... estarás en Madrid?
   ► Hasta el miércoles.

2. ► ¿.......... has venido?
   ► Con Isabel.

3. ¿.......... has comprado estas flores?
   ► Para mi madre.

4. ► ¿.......... estuviste en Francia?
   ► Desde 1997 hasta 2000.

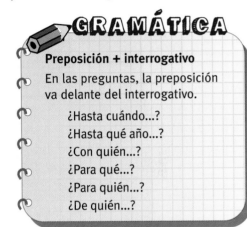

GRAMÁTICA

Preposición + interrogativo

En las preguntas, la preposición va delante del interrogativo.

¿Hasta cuándo...?
¿Hasta qué año...?
¿Con quién...?
¿Para qué...?
¿Para quién...?
¿De quién...?

c) En parejas. Cada uno lee su versión de esta noticia incompleta y prepara las preguntas que le va a hacer al compañero para averiguar los datos que faltan.

Nuevo récord de salto de altura

La saltadora Marta Pons ha batido su propio récord de salto de altura.
Pons, que entrena 4 horas diarias con ...., ha mejorado mucho en los últimos meses. Desde principios de año ha batido su propio récord tres veces. A pesar de estos magníficos resultados, Pons ha anunciado que continuará saltando en competiciones solo hasta .... Después piensa retirarse para dedicarse a su otra gran pasión: el motociclismo.

Nuevo récord de salto de altura

La saltadora Marta Pons ha batido su propio récord de salto de altura.
Pons, que entrena 4 horas diarias con su hermana, la también saltadora Emma Pons, ha mejorado mucho en los últimos meses. Desde .... ha batido su propio récord tres veces. A pesar de estos magníficos resultados, Pons ha anunciado que continuará saltando en competiciones solo hasta las próximas olimpiadas. Después piensa retirarse para ....

3. Hilando la noticia

En las noticias de la actividad 1a) aparecen algunas palabras en negrita; sirven para conectar frases. Relaciona cada una con su equivalente.

En cuanto a...

Parece ser que...

Excepto...

Por suerte...

Por desgracia...

Se dice que...

Afortunadamente...

Con respecto a...

Desafortunadamente...

Menos...

¡Extra!

Elige una noticia de actualidad o invéntate una. Toma notas de los datos fundamentales (qué, cuándo, cómo...) y redáctala. El próximo día de clase puedes contársela a tus compañeros o intercambiarla con las suyas.

Noticias de la Historia

1. Lee estas noticias "históricas" y redacta un titular para cada una.

NOTICIAS DE LA HISTORIA

EL VOLCÁN POPOCATÉPETL

En 1519 algunos soldados de Hernán Cortés ascendieron a la cima del volcán Popocatépetl, el segundo volcán más alto de México y el quinto pico más alto de América, con 5 452 metros. Esta proeza se consideró un récord mundial durante 300 años, hasta los primeros ascensos al Himalaya. Para los aztecas se trató más bien de una profanación, ya que consideraban a este volcán una divinidad. En náhuatl, Popocatépetl significa "montaña que humea". Se trata de un volcán aún activo, que permanentemente arroja humo.

MIGUEL DE CERVANTES, ENCARCELADO

Miguel de Cervantes fue encarcelado en 1597 en la prisión real de Sevilla por un oscuro asunto financiero. Hasta que todo se aclaró, estuvo en la cárcel tres meses, tiempo que aprovechó para comenzar la redacción de su obra maestra *Don Quijote de la Mancha*.

COSTA RICA DISUELVE SU EJÉRCITO

Costa Rica disolvió su ejército en 1940 después de establecer un convenio de neutralidad y no agresión con el resto de los países centroamericanos. Tras la disolución, solo quedó activo un cuerpo de entre 500/1, 200 soldados, destinado al control de las fronteras, una fuerza paramilitar (de unos nueve mil hombres) y una reserva nacional.

AGRESIÓN AL *GUERNICA*

El famoso cuadro *Guernica* de Pablo Picasso sufrió una curiosa agresión en marzo de 1974, cuando un exaltado escribió con pintura roja la frase "Mueran todas las mentiras" sobre el lienzo. Por suerte, se pudo restaurar sin que quedaran huellas visibles del acto vandálico.

2. En parejas. Elegid dos de estas noticias y redactadlas con vuestras propias palabras imaginando que son noticias actuales que vais a transmitir en un telediario.

¡JUEGA CON EL ESPAÑOL!

- Vas a escuchar la canción *Gente sola*. En ella, se hace una crónica de la ciudad, la soledad, la gente... Antes de escuchar, en parejas, haced una lista de elementos que relacionáis con la ciudad.

- Ahora leed la letra de la canción e intentad completarla. Podéis ayudaros de las palabras que habéis anotado antes, de los dibujos y de la rima de los versos.

C
A
N
C
I
Ó
N

GENTE SOLA

Hay gente en la cola de todos los ....,
gente que llora, gente que ríe,
gente que sube, que baja de un coche,
gente en el Rastro y en los ascensores,
gente en la guagua, en el ...., en la lluvia,
* en un árbol,*
gente en la cuesta, vestida, desnuda, cantando,
gente con sombra y con dudas,
gente que añora y que ayuda,
gente que vive a la moda,
que viene y que va.

Pero que sola está.

Hay gente que sueña que abraza a otra gente,
gente que reza y luego no entiende,
gente durmiendo en el borde del ....,
gente en los ...., gente en los libros,
gente esperando en los bancos de todas las .... ,
gente que muere en el borde de cada palabra,
gente que cuenta las horas,
gente que siente que sobra,
gente que busca a otra gente en la misma ciudad.

Pero que sola está.

PEDRO GUERRA

- Escucha y comprueba.

1. Relaciona la noticia de cada presentador del telediario con el comentario del reportero correspondiente.

España pasa a cuartos de final de la Copa del Mundo, ¿no es así, Ana Muro?

Saludos. Está a punto de comenzar el mitin. El líder del partido acaba de llegar y ....

A

El mitin va a comenzar en pocos minutos. En unos instantes .... Conectamos con nuestos compañeros.

En efecto. Buenas tardes desde Alcalá de Henares, ciudad natal de Cervantes. Como pueden ver, hay mucha gente esperando para saludar a Sus Majestades.

B

El escritor Francisco Umbral recibe hoy el Premio Cervantes de sus majestades los Reyes de España. Nuestro corresponsal nos comenta la noticia.

Así es, acaba de terminar el partido y España ha ganado. Por el momento esto es todo. Devolvemos la conexión a nuestros estudios.

C

2. En grupos de cuatro, vais a elaborar un telediario.

• **Entre todos, inventad cuatro noticias.** Pensad todos los detalles (qué, quién, cómo...) y decidid quién de vosotros va a comentar cada una de ellas.

• **Cada uno redacta una de las noticias.**

• **Reunión en la redacción:** revisad las noticias que han escrito vuestros compañeros.

• **Ensayad el telediario.** Opcionalmente, podéis representarlo ante vuestros compañeros: dos seréis los presentadores, y los otros dos, los reporteros con los que se conectará a lo largo del telediario (fijaos en las frases que usan los presentadores y los reporteros para saludarse y pasar la conexión).

Repaso II

TRIVIAL

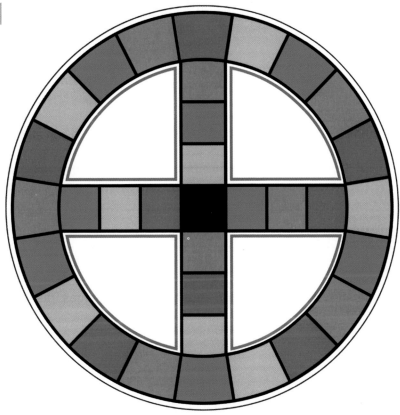

Preparación

En grupos de cuatro, preparad tarjetas para revisar los contenidos (vocabulario, pronunciación, comunicación y gramática) de las unidades 5 a 8. Cada tipo de tarjeta será de un color (las de vocabulario pueden ser azules, las de pronunciación rojas...). En la tarjeta tiene que aparecer la pregunta y la solución.

Vais a necesitar este material:

una ficha grande para cada uno (podéis hacerla de cartulina), cada una de un color

cuatro fichas más pequeñas (una de cada uno de los cuatro colores del tablero para cada uno)

un dado

¡A jugar!

- El objetivo es conseguir una ficha pequeña de cada color.

- Se sale de la casilla negra: todos los jugadores colocan sus fichas en la casilla central.

- El primer jugador tira el dado y se desplaza hasta la casilla indicada, coge una tarjeta del color de esa casilla y responde a la pregunta. Si lo hace bien, consigue una de las fichas pequeñas del mismo color y pasa el turno al siguiente jugador. Si no, se queda en esa casilla hasta el siguiente turno.

Reglas

Si un jugador cae en una casilla de cuyo color ya tiene ficha y responde correctamente a la pregunta, consigue un punto.

Gana el jugador que antes consiga las fichas de los cuatro colores o el que consiga las fichas de tres colores y siete puntos.

1. Opiniones sobre el futuro

a) ¿Crees que habrá muchos cambios en el futuro respecto a los siguientes temas?

comida

ropa

vivienda

sanidad

transportes

b) Escucha a una persona que habla de estos temas y completa la tabla con algunas notas sobre sus opiniones.

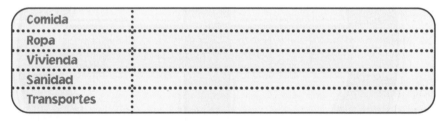

Comida	
Ropa	
Vivienda	
Sanidad	
Transportes	

c) Con las notas que has tomado en el apartado anterior, escribe algunas frases que resuman lo que piensa la persona encuestada.

2. ¿Eres un buen adivino?

a) Imagina algo que tres de tus compañeros van a hacer en un futuro más o menos lejano y escríbelo en tres tarjetas como estas:

> Cuando termine la carrera va a ir a trabajar a Chile.

> Cuando termine el curso va a hacer un viaje por el sur del país.

> Cuando vuelva a su país, va a ir a la universidad.

b) Pegad todas las tarjetas por las paredes de la clase y leed las de los demás. Tenéis que intentar descubrir el nombre de la persona a la que corresponde esa predicción. Al final, podréis comprobar si habéis acertado preguntando a los autores de las tarjetas.

3. Montar un restaurante

a) En grupos de seis, imaginad que habéis decidido abrir un restaurante vegetariano con productos propios. Pensad al menos seis cosas que debéis hacer para montar el restaurante y escribid cada una en una tarjeta.

b) Cambiad vuestro bloque de tarjetas con el de otro grupo, leedlas y repartios el trabajo.

▶ ¿Cómo nos repartimos el trabajo?

▶ Yo...

4. Modelos educativos

a) Aquí tienes un texto relacionado con la educación de los niños. Léelo y di si las siguientes afirmaciones son verdaderas o falsas.

	V	F
1. Los alumnos tienen la posibilidad de relajarse antes de empezar las actividades.	☐	☐
2. Esta propuesta es un modelo tradicional de educación.	☐	☐
3. Se promueve la participación en el aula.	☐	☐
4. Después de realizar cada actividad, se reflexiona sobre lo que se ha conseguido en ella.	☐	☐

UNA NUEVA PROPUESTA METODOLÓGICA

Se trata de investigar las posibilidades de la creatividad en el aula mediante una metodología activa y lúdica. Gracias a un modelo innovador podemos integrar en el aprendizaje todas las facetas del ser humano, la razón y la emoción.

Consiste básicamente en distribuir el tiempo de la sesión de clase en tres etapas básicas:

- **La preparación inicial**

  La finalidad de esta etapa es que los alumnos se relajen antes del aprendizaje. Primero, tienen que realizar una descarga corporal de tensiones y para ello van a moverse, andar por la clase, saltar, reír... Después, se colocan de nuevo en sus pupitres y adoptan una postura cómoda. Para favorecer la relajación se emplean una música y una iluminación adecuadas.

- **Las actividades de clase**

  Tras la relajación previa, los alumnos se encuentran tranquilos y concentrados para atender y realizar con más interés las actividades propuestas para el aprendizaje. Se consiguen unos resultados sorprendentes, ya que los alumnos están preparados para desarrollar todas sus capacidades.

- **La reflexión**

  En la fase final de la secuencia se reflexiona sobre lo que los alumnos han ido sintiendo y descubriendo a lo largo del proceso y se aportan los datos teóricos necesarios para contextualizar y terminar de descubrir todos los contenidos de aprendizaje. Es entonces cuando se evalúa el proceso, lo que se ha conseguido, lo que falta por hacer...

b) ¿Qué te parece esta propuesta? ¿Hay algo que te sorprenda? Coméntalo con tus compañeros argumentando tus opiniones.

5. Noticias

Redacta una noticia y después cuéntasela a tus compañeros. Para ello, elige uno de los siguientes bloques de palabras que tendrás que usar en la redacción. No olvides ponerle un titular.

ganar
perder
campo
hinchas
árbitro
primer tiempo
meter un gol

sindicatos
empresarios
militantes
pancartas
ministro
trabajadores

público
fans
estrella
aplaudir
cámaras
actores

Nuestro futuro

Nuestro progreso, nuestro trabajo, nuestro sistema educativo, nuestros medios de comunicación

En pequeños grupos. Vais a confeccionar un reportaje sobre un país donde se habla español y sus perspectivas de futuro. En él tenéis que ofrecer la siguiente información:

1. El progreso
- ¿Cuál es el recurso energético más utilizado?
- ¿Hacia qué campo se dirige la investigación?

2. El mundo del trabajo
- ¿Cuál es el sector más desarrollado?
- ¿Cuáles son las empresas más importantes del país?
- ¿Hay empresarios jóvenes? ¿Obtienen alguna ayuda del Gobierno?

3. La educación
- ¿Qué porcentaje de niños está escolarizado?
- ¿A qué edad empiezan a estudiar los niños?
- ¿Existe una enseñanza obligatoria? ¿Hasta qué edad?
- ¿Cuál es el sistema educativo del país?

4. La información
- ¿Se mantiene la gente informada?
- ¿Cuáles son los principales medios informativos?
- ¿Qué nivel de aceptación y credibilidad tiene cada uno de estos medios informativos entre la población?

¿Cómo podéis obtener esta información?

- Si estudiáis español en un país donde se habla español, buscad la información en la calle (hablad con la gente, preguntad a vuestro profesor, consultad los medios de comunicación...).

- Si no estudiáis español en un país donde se habla español, vuestro profesor os dará información sobre algunos países. También podéis buscarla en Internet (visitando páginas o *chateando* con gente del país elegido) o en otros medios.

Cultura y costumbres

EN ESTA UNIDAD VAS A:

- Elaborar un folleto turístico.

PARA ELLO VAMOS A:

- Situar geográficamente un lugar.
- Comparar lugares.
- Expresar deseos y preferencias.
- Expresar opinión, acuerdo y desacuerdo.

1. ¿Dónde está?

a) Mira la imagen central: es un mapa con las comunidades y ciudades autónomas en las que se divide el Estado español.

Lee las frases que hay debajo y completa el mapa con el nombre de las comunidades autónomas que faltan:

- Galicia
- Castilla y León
- Comunidad Valenciana
- País Vasco
- La Rioja
- Cataluña

Castilla y León está al sur de Asturias y Cantabria.

La Comunidad Valenciana está al sur de Cataluña y Aragón.

El País Vasco está al este de Cantabria.

Galicia está en el noroeste de España.

La Rioja está al sur del País Vasco.

Cataluña está en el noreste.

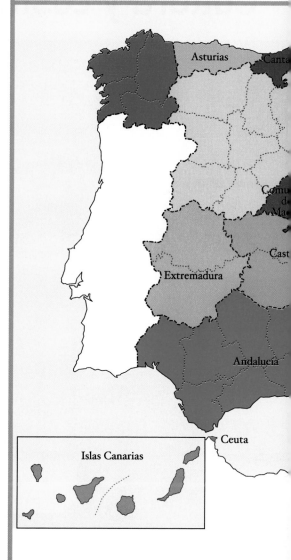

COMUNICACIÓN

Situar geográficamente un lugar

- Cataluña está en el nordeste de España.
- Galicia está en el oeste.
- Extremadura está al este de Portugal.
- Aragón está al oeste de Cataluña.

b) ¿Qué sabes de estas comunidades? ¿Conoces algún personaje famoso nacido allí? ¿Y algún monumento? Fíjate en el cuadro de gramática y en los ejemplos y haz preguntas a tus compañeros.

- ▶ *Yo no conozco a ningún personaje famoso de Cataluña.*
- ▶ *Yo sí, conozco a Dalí.*
- ▶ *¿Y sabes algún sitio famoso de Cataluña?*
- ▶ *Sí, el museo de Dalí y la Sagrada Familia.*

GRAMÁTICA

Alguno(s)/alguna(s)/ninguno/ninguna

- Pueden ser adjetivos o pronombres:
  - ▶ He estado en **algunos lugares** famosos de Andalucía.
  - ▶ Yo no he estado en **ninguno**.
  - ▶ ¿Conoces **alguna bebida** típica de Andalucía?
  - ▶ No, no conozco **ninguna**.

- **Alguno** y **ninguno** se transforma en **algún** y **ningún** cuando van seguidos de un sustantivo masculino singular.
  - ▶ ¿Conoces a **algún** personaje famoso de Cataluña?
  - ▶ No, no conozco a **ningún** personaje famoso de Cataluña.

2. Extremadura es más grande que Galicia

a) A continuación te presentamos información sobre tres de las comunidades españolas. Busca en los cuadros las respuestas a estas preguntas:

- ¿Cuál es la más grande?
- ¿Cuál es la que tiene menos habitantes?
- ¿Cuál es la menos poblada?
- ¿En cuál llueve más?

Galicia

Extensión: 29 575 km²
Población: 2 730 337 habitantes
Densidad de población: 92 hab/km²
Clima: – temperaturas suaves en todas las estaciones
– lluvias regulares todo el año (1 000–1 500 mm)
Principales actividades: madera, pesca, turismo

Canarias

Extensión: 7 447 km²
Población: 1 672 689 habitantes
Densidad de población: 219 hab/km²
Clima: – temperaturas suaves en todas las estaciones
– pocas lluvias
Principal actividad: turismo

Extremadura

Extensión: 41 634 km²
Población: 1 073 574 habitantes
Densidad de población: 26 hab/km²
Clima: – veranos muy calurosos/inviernos suaves
– lluvias (400–600 mm anuales)
Principal actividad: agricultura

b) Lee estas frases y escribe el nombre de la comunidad correspondiente en cada caso.

- Es más grande que Galicia.
- Tiene menos habitantes que Canarias.
- Está más poblada que Canarias.

c) Fíjate en el cuadro de gramática y escribe frases comparando una comunidad con otra; tu compañero tendrá que adivinar de qué comunidades se trata.

GRAMÁTICA

Comparativos: tan/tanto... como

- con sustantivos:
  tanto/tanta/tantos/tantas + adjetivo + ***como***
  ¿En Madrid hay tanto turismo como en Barcelona?

- con adjetivos y adverbios:
  tan + adjetivo + ***como***
  Cantabria es casi tan grande como Asturias.

  tanto como (cuando no se especifica el adjetivo o el adverbio para no repetirlo)
  Está muy poblada, pero no tanto como Andalucía.

- con verbos:
  tanto como
  Aquí llueve tanto como en Asturias.

1. Un poco de turismo

a) ¿Con qué comunidades autónomas españolas relacionas estas fotografías? Anótalo y compara los resultados con los de dos compañeros.

b) ¿Conoces otras cosas relacionadas con alguna comunidad autónoma española? Coméntalo con el resto de la clase.

c) Lee los siguientes folletos turísticos. ¿A qué comunidades autónomas españolas se refieren?

Nuestra tierra es un regalo para los amantes de la naturaleza, es el lugar ideal para alejarse del calor del verano y disfrutar del paisaje: playas salvajes, acantilados, bosques verdes...

¿Y qué decir de la gastronomía? Pescados variados y marisco acompañados de nuestros ricos vinos jóvenes.

Toma contacto con nuestra cultura: conoce el Camino de Santiago, disfruta de la música celta y de nuestras fiestas populares y tradiciones.

¡Ven a visitarnos!

Para ti que te gusta la variedad: puedes disfrutar de la playa y practicar tus deportes acuáticos favoritos, puedes esquiar en Sierra Nevada, montar a caballo y hacer senderismo en nuestras rutas por las sierras del interior y visitar el Parque Nacional de Doñana.

Para ti que te gusta conocer las tradiciones y la cultura popular: el cante y el baile; nuestras famosas fiestas: la Semana Santa, la Feria de Abril, el Rocío..., y visitar nuestros legendarios monumentos de influencia árabe y judía.

Conócenos.

COMUNICACIÓN
Expresar deseos y preferencias

- Me gustaría ir a... porque he oído/leído que...
- Yo preferiría viajar a... porque dicen que...
- Me encantaría conocer...
- Tengo ganas de ir a... porque...
- Me apetece conocer... porque...

d) ¿A qué comunidad autónoma española te gustaría ir? Coméntalo con tu compañero para saber si coincidís.

e) Habla con tu compañero de los lugares de tu país que le aconsejas visitar en función de la época del año.

- *Si vienes en primavera, ve a...*
- *Si vas en invierno, te aconsejo que vayas a...*

2. Me estoy acostumbrando

a) Lee brevemente la carta que escribe Ana a su amiga Mariví y contesta a las siguientes preguntas:

- ¿Desde qué comunidad autónoma española escribe Ana?
- ¿En qué comunidad autónoma vivía antes?

VOCABULARIO
Expresiones para una carta informal

Para saludar
¡Hola, Carlos!
Querido Carlos.

Para empezar
¿Qué tal?
¿Cómo estás?

Para terminar
Bueno, nada más.
Espero verte pronto.
Escríbeme pronto.

Para despedirse
Hasta pronto.
Un beso/Besos.
Un abrazo.

Hola, Mariví:

¿Qué tal? Yo estoy muy bien, la verdad es que me encanta esta tierra. Llevo dos meses aquí, **me estoy acostumbrando** a mi nueva vida poco a poco. Tengo mi propio piso, estoy muy a gusto en mi trabajo y hasta he hecho algunos amigos...

Aquí hay muchas cosas distintas, como el clima: llueve muy a menudo y no hace tanto calor como allí. Pero no me importa, me gusta la lluvia. La comida también es algo diferente. Conozco un pueblecito de pescadores precioso con un restaurante muy barato y muy bueno con vistas al mar donde voy a comer los fines de semana. Allí he probado clases de marisco que no había comido antes aunque **echo de menos** la comida de allí (a veces **sueño con** tomarme una ración de "pescaíto" o un buen gazpacho).

Una cosa que me da un poco de lata es que, por mi trabajo, tengo que viajar para hablar con mucha gente de pueblos pequeños y a veces me cuesta entender lo que dicen... Pero no me importa. ¡Incluso **aspiro a** aprender su lengua! Por cierto, los pueblos de esta zona son preciosos y el paisaje es tan bonito. Es como me imaginaba, lleno de bosques y prados verdes. Te gustaría mucho. Oye, ¿por qué no vienes a verme estas vacaciones? El piso es muy grande y te puedes quedar todo el tiempo que quieras. Si vienes podremos ir a visitar alguno de los pueblos del interior y también ir a la playa, que no está muy lejos. Piénsalo y escríbeme pronto, que tengo ganas de saber qué tal te va.

Un beso.

Ana

VOCABULARIO
Verbos con preposición

Acostumbrarse **a**
Aspirar **a**
Soñar **con**
Tener ganas **de**
Pensar **en**

b) Lee de nuevo las expresiones en negrita de la carta y relaciona un elemento de cada columna.

1. aspiro a	a. tengo muchas ganas de
2. echo de menos	b. pretendo conseguir
3. sueño con	c. me estoy habituando a
4. me estoy acostumbrando a	d. me falta, siento nostalgia de

c) Imagina que te has trasladado de un país del mundo a otro o piensa en tu experiencia real. Escribe una carta a un compañero en la que incluyas frases de las que se pueda deducir el lugar de origen o/y de destino, pero sin nombrarlos: tu compañero tendrá que adivinarlo.

1. España y los españoles

Lee las siguientes siete afirmaciones sobre España y los españoles. Hay tres falsas, ¿cuáles? Fíjate en el cuadro de gramática y escríbelo:

1. España es uno de los países con más días de sol al año de Europa.

2. Los españoles son los europeos que más tarde se acuestan.

3. Los españoles son los que más tarde empiezan a comer de Europa.

4. Los españoles son los europeos que más duermen.

5. Los españoles son los europeos que más tiempo dedican a las relaciones sociales.

6. España es uno de los países más montañosos de Europa.

7. Los españoles son los europeos que más tiempo dedican a ver la tele.

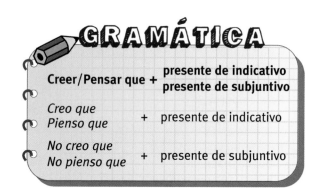

GRAMÁTICA

Creer/Pensar que +	presente de indicativo presente de subjuntivo
Creo que Pienso que	+ presente de indicativo
No creo que No pienso que	+ presente de subjuntivo

2. Así somos

a) ¿Cuáles de estos adjetivos, en tu opinión, definen a los españoles? Subraya los que te parezca que son verdad.

abiertos   chapuceros
divertidos   ruidosos
amables   vagos
generosos   desorganizados

 b) Escucha las opiniones de Alfonso sobre el carácter de los españoles y completa la tabla.

	Sí	No	No se menciona
Abiertos			
Divertidos			
Amables			
Generosos			
Chapuceros			
Ruidosos			
Vagos			
Desorganizados			

c) Y tú, ¿qué opinas? Habla con tu compañero.

Yo creo que los españoles son abiertos, divertidos, amables y un poco ruidosos, pero no creo que sean vagos; al contrario, los españoles que conozco son muy trabajadores.

3. Tienen fama de...

a) La gente de tu país, ¿de qué tiene fama? Fíjate en el cuadro de gramática, escribe algunas frases y coméntalo con tu compañero.

b) En grupos de tres, haced varias tarjetas con tópicos y ponedlas boca abajo en un montón. Por turnos, levantáis una, la leéis en voz alta y reaccionáis con vuestra opinión.

Lo de que en España se come paella todos los domingos me imagino que es una exageración.

GRAMÁTICA

Impersonalidad

Cuando se quiere dar una información con un valor general, sin relacionarla directamente con un sujeto (porque no se sabe o porque no es relevante), se pueden emplear estas construcciones:

• *La gente/todo el mundo* + verbo en 3.ª persona singular

• **Verbo en 3.ª persona plural**

• **Pronombre *se* + verbo en 3.ª persona singular/plural**

4. Sobre los tópicos

a) ¿Estás a favor o en contra de los tópicos? Lee las siguientes opiniones.

> Para mí, los tópicos tienen gran parte de razón. Siempre hay excepciones, claro, pero **como se suele decir**, "la excepción confirma la regla".

> Pues yo creo que cada ser humano es un mundo. **Un amigo mío dice que** cada uno es su propia patria y creo que tiene razón.

COMUNICACIÓN
Referirse a algo mencionado antes

• Lo de las tapas es exagerado.
• Lo de que en España se come paella todos los domingos es un tópico.
• Eso del tango no es verdad.
• Eso de que todos los argentinos saben bailar el tango no es cierto.

b) Observa las siguientes expresiones. ¿Cuáles muestran acuerdo y cuáles desacuerdo? Anótalo.

• Puede ser, pero...

• Estoy totalmente de acuerdo (contigo/con eso/con lo de...).

• No estoy de acuerdo. Yo creo que... Además...

• Puede que tengas razón, pero ¿no has pensado que...?

• Seguro que tienes tu parte de razón, pero ¿no te parece que...?

• Efectivamente.

• Lo que dices es muy interesante, pero ¿no crees que...?

COMUNICACIÓN
Dar una información expresada por otros sin asumir responsabilidad

• Se dice que...
• Se suele decir que...
• Dicen que...
• Como se suele decir...
• Un amigo mío dice que...

c) En parejas, escribid una pequeña conversación siguiendo estos pasos:

1. Opinión de A sobre los tópicos.

2. Reacción de B a la opinión de A.

3. Reacción de A para concluir.

¡Extra! ►
Escribe un texto en el que hables de costumbres, personalidad, tópicos... de tu país.

Músicas populares

1. Antes de leer los textos, señala a cuál de las músicas (tango o flamenco) se refieren las siguientes frases:

	Tango	Flamenco	Ambos
1. Nació en los barrios pobres.	☐	☐	☐
2. Se canta y se baila acompañado por el sonido de los zapatos sobre el suelo.	☐	☐	☐
3. Empezó su fama actual cuando se puso de moda en París.	☐	☐	☐
4. La guerra de la Independencia fue el motor para su importancia actual.	☐	☐	☐
5. Se canta y se baila.	☐	☐	☐

2. Ahora lee los textos y comprueba los resultados.

EL TANGO

La palabra **tango** es de origen africano: en algunas lenguas africanas esta palabra designaba el lugar donde reunían a personas de ese continente para embarcarlos a América. Después, por extensión, el término *tango* se aplicó tanto a los lugares en los que la población negra se reunía para bailar y cantar como a toda la música que se tocaba en ellos.

Al principio –en el último tercio del siglo XIX– el tango era una música de ambiente marginal, propia de bailes de soldados y de cafés del Río de la Plata. No tenía autor, eran simples recopilaciones de ritmos y letras populares improvisadas en el momento. Las primitivas orquestas de tango eran pequeñas (tríos, cuartetos) y modestas, muchas contaban solo con violín, flauta y guitarra.

A comienzos de la década de 1910, el tango se puso de moda en París y, como consecuencia de ello, en el resto de Europa y en Estados Unidos. En Buenos Aires se olvidó su origen humilde y se aceptó en los salones de la alta sociedad y teatros. Así empezaron a dedicarse al tango orquestas estables, músicos de mejor

preparación profesional y compositores más refinados que lo reformaron y modernizaron. Empezó también a difundirse por radio y a grabarse en discos; fue cuando aparecieron los primeros cantantes de tangos, el más famoso de los cuales fue Carlos Gardel.

EL FLAMENCO

El arte flamenco nació en Andalucía en una comunidad aislada, en la que convivían judíos, árabes, cristianos y gitanos.

Tradicionalmente, aparece asociado al pueblo gitano por haber sido su principal difusor y creador al unir elementos tan diferentes como las melodías árabes, los cantos judíos de la sinagoga, fragmentos de la liturgia bizantina y elementos de la cultura musical andaluza.

El flamenco moderno se inició en las últimas décadas del siglo XVIII. El baile, el cante y la guitarra eran los protagonistas.

Con motivo de la guerra de la Independencia española (1808-1814) y los acontecimientos políticos siguientes, surgieron numerosas canciones, coplas y bailes.

Todo este material tuvo una influencia muy activa en la formación del flamenco. Existen gran variedad de ritmos y temas debido al gran número de influencias que tuvo en sus comienzos. Y así, podemos encontrar temas de inmenso dolor y letras y ritmos de explosiva alegría que hablan de la naturaleza y de la vida.

Aparte de la guitarra, son típicos los sonidos de las castañuelas, el zapateado y las palmas.

3. ¿Conoces alguna otra música española o latinoamericana? Habla con tu compañero.

**P
A
S
A
T
I
E
M
P
O
S**

¡JUEGA CON EL ESPAÑOL!

• ¿Sabes cómo se convierte un *tango* en una *mosca*? Completa las casillas de la tabla de acuerdo con las definiciones. Cada palabra solo se diferencia de la anterior en una letra.

1. Baile típico de Argentina.
2. Fruta tropical de piel lisa, carne naranja y muy aromática.
3. Cervantes también es conocido como *El _ _ _ _ _ de Lepanto* porque perdió la movilidad de un brazo en la batalla de Lepanto.
4. De haber sido mujer, Cervantes sería conocido como *La _ _ _ _ _ de Lepanto.*
5. Tercera persona del singular del presente de indicativo del verbo *mascar*.
6. Insecto volador muy pesado cuando hace calor.

• ¿Eres capaz de hacer algo similar para que lo resuelvan tus compañeros? Puedes empezar con la palabra *casa* (o con la que tú quieras).

T	A	N	G	O
M	O	S	C	A

C	A	S	A

1. ¿Qué sabes sobre la República Dominicana? Haz una lista de datos con tu compañero. Podéis hablar de geografía, costumbres, ocio, música, gastronomía, etc.

2. Este texto tiene información sobre la República Dominicana. A simple vista no resulta muy atractivo, ¿verdad? Tú vas a mejorarlo. Lo único que tienes que hacer es dividirlo en las siguientes secciones. Márcalas en el texto.

- Situación y extensión
- Geografía
- Clima
- Moneda
- Deportes

- Tiempo libre
- Gastronomía
- Arquitectura y monumentos
- Música y baile

REPÚBLICA DOMINICANA

Se encuentra situada en el centro del archipiélago antillano, en el hemisferio norte. La República Dominicana (Santo Domingo) está situada en la zona este de la isla. Tiene una extensión de 48,442 km². La República Dominicana cuenta con tres grandes sistemas montañosos: la Cordillera Central, la Cordillera Septentrional y la Cordillera Oriental. Este país posee numerosos ríos, muchos navegables. El clima de la costa es cálido, propio del trópico. En la región central, las temperaturas son más frescas; aun así, la media al año es de 29°. En la zona montañosa, y principalmente en invierno, se registran temperaturas muy bajas, en ocasiones menos de 0°C, principalmente en Valle Nuevo, Constanza y el Pico Duarte. La mayor temporada de lluvias se produce entre mayo y agosto, y la menor, en los meses de noviembre y diciembre. La moneda nacional es el peso. El valor real del peso dominicano fluctúa frente al dólar americano, y su valor está sujeto a las leyes de la oferta y la demanda. El deporte nacional es el béisbol o "pelota", como acostumbran llamarlo los dominicanos. También existen excelentes campos de golf. Toda la isla cuenta con magníficas playas para practicar la pesca submarina. Este país cuenta con una gran variedad de locales nocturnos y discotecas. Siempre está presente el merengue, así como la mayoría de los ritmos modernos y de actualidad. Por su condición de país insular, agrícola y ganadero, la República Dominicana ofrece una variedad de atractivos platos donde mezcla las influencias taínas, europea y africana en una explosión de sabor rica en matices y condimentaciones: El chenchén, plato típico del sur que consiste en maíz partido en trozos pequeños y hervido durante horas con diversas especias, que se acompaña de chivo guisado. El chacá, también a base de maíz, postre preparado con leche, azúcar y canela, así como leche de coco. El arroz con frijoles, indispensable en la mesa del dominicano, se cocina de diferentes maneras. La Zona Colonial de la ciudad de Santo Domingo es la más rica del Caribe en recuerdos de la época colonial: impresionantes monumentos magníficamente conservados y fortalezas e iglesias donde priman el ladrillo y la piedra en armoniosos arcos y columnas; callejones, calles de piedra, ruinas, e impresionantes casas de importantes personajes coloniales convierten dicha zona en un maravilloso viaje al pasado. El merengue sintetiza el alma musical dominicana; es la expresión integrada de nuestras culturas ancestrales, donde se mezclan lo aborigen, lo africano y lo europeo a través de instrumentos como el güiro, la tambora y el acordeón.

3. Ahora vosotros. En grupos de tres, vais a hacer un folleto turístico, pero este sí que va a ser atractivo. Elegid el país o la región sobre la que queréis trabajar. Debe ser un lugar que os interese a todos y del que sepáis algo.

4. Dividíos el trabajo: tenéis que recopilar toda la información posible, buscar ilustraciones, etc. Podéis ayudaros de revistas, folletos de agencias de viaje y turismo y pedir ayuda a vuestro profesor.

5. Poned en común los resultados de vuestra búsqueda y elaborad el folleto.

6. Colgad el folleto en la pared de clase para que vuestros compañeros puedan verlo y leed también los que más os interesen a vosotros.

Cambios

EN ESTA UNIDAD VAS A:

- Confeccionar un mapamundi de cambios históricos.

PARA ELLO VAMOS A:

- Hablar de cambios de aspecto físico y de carácter.
- Identificar a una persona dentro de un grupo.
- Hacer elogios.
- Expresar intenciones.
- Hablar de costumbres y hábitos.

1. ¡Vaya cambio!

Busca en esta lista qué cambios han experimentado las personas del dibujo central.

- Se ha dejado barba.
- Se ha dejado bigote.
- Ha engordado.
- Ha adelgazado.
- Se ha cortado el pelo.

- Ha crecido.
- Se ha quedado calvo.
- Se ha dejado el pelo largo.
- Se ha quitado la barba.
- Se ha teñido el pelo.

①

②

2. Cinco años después

a) Observa la "fotografía" de los amigos de Ana hace 5 años. Escucha la descripción que hace de ellos, identifícalos y anota en la ilustración el nombre de cada uno.

③

④

⑤

COMUNICACIÓN

Identificar a una persona en un grupo

- El de los ojos verdes.
- El de verde.
- Los de la derecha.
- La que está hablando.
- La alta.

b) Fíjate de nuevo en la ilustración y completa estas frases.

El de la izquierda es ....
La morena es ....
El que lleva gafas es ....
.... es Ana.
.... es Roberto.

c) Habla con tu compañero para comprobar los resultados.

d) Escucha a Ana otra vez hablando de cómo han cambiado ella y sus amigos y anota cómo es su aspecto actual.

e) Y tú, ¿has cambiado en los últimos años? ¿Cambias de imagen a menudo? ¿Qué opinión tienes de la importancia que se le da últimamente a la imagen? Coméntalo con tus compañeros.

3. Te sienta muy bien

a) Escucha y lee los siguientes diálogos.

1.
> ► Hola.
> ► Hola. ¡Anda! Te has cortado el pelo. ¡Estás muy guapo!
> ► ¿Tú crees?
> ► Sí, te queda muy bien.
> ► Gracias.

2.
> ► Te has teñido el pelo, ¿verdad?
> ► Sí...
> ► Te favorece mucho el color.
> ► ¿Sí? Gracias.

COMUNICACIÓN

Hacer elogios

- ¡Qué pantalón tan bonito!
- Te favorece mucho ese corte de pelo.
- Te queda/sienta muy bien.
- Estás muy guapo/a.

b) Practica los diálogos que prefieras con tu compañero. Después, inventad otros usando los cambios de imagen que hemos presentado en la actividad 1 (fíjate en que no con todos es posible hacer este tipo de diálogos).

4. Es altísimo

a) Observa estas fotografías y anota la frase que le corresponde a cada una.

1

2

3

GRAMÁTICA

Superlativo absoluto

- Si el adjetivo termina en consonante, se añade la terminación *-ísimo,-a,-os,-as*.

    difícil ⟶ dificil**ísimo**

- Si el adjetivo termina en vocal, esta se sustituye por la terminación *-ísimo,-a,-os,-as*.

    grande ⟶ *grand**ísimo***

- Hay algunos adjetivos que al formar el superlativo sufren pequeños cambios ortográficos.

    largo ⟶ *largu**ísimo***
    poco ⟶ *poqu**ísimo***
    veloz ⟶ *velo**císimo***

A Lleva el pelo cort**ísimo**.

C Lleva una barba largu**ísima**.

B Son alt**ísimos**.

b) Fíjate en los ejemplos anteriores y en el cuadro de gramática y escribe la forma de superlativo correspondiente.

Es muy alto ⟶ *es altísimo*
Son muy pequeños
Es muy poco
Es muy rápido
Es muy lenta
Es muy inteligente

1. Cambios y más cambios

a) Estos son algunos de los cambios importantes que pueden sucederle a alguien en su vida. En tu opinión, ¿cuáles son positivos y cuáles negativos? Habla con tu compañero.

> Cambiar de trabajo

> Arruinarse

> Quedarse sin trabajo

> Cambiar de casa

> Ascender en el trabajo

> Trasladarse a otra ciudad

> Montar un negocio

> Irse a vivir al extranjero

b) Lee estos ejemplos y contesta a las preguntas que hay más abajo:

1. ▶ *¿Conocéis a alguien que viva en el extranjero?*
   ▶ *Sí, yo conozco a un chico que vive en Italia.*
   ▶ *Yo no conozco a nadie que viva en otro país.*

2. ▶ *¿Conocéis a alguien que haya montado un negocio?*
   ▶ *Yo no (conozco a nadie que haya montado un negocio).*
   ▶ *Yo sí, un vecino mío ha abierto una tienda de reparación de ordenadores.*

- ¿En qué frases las personas están pensando en alguien en concreto?

- ¿En qué tiempos verbales están escritas esas frases? ¿Están en indicativo o en subjuntivo?

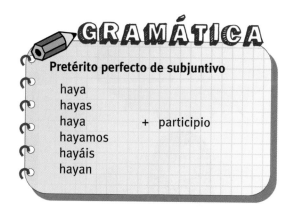

GRAMÁTICA

Pretérito perfecto de subjuntivo

haya
hayas
haya   + participio
hayamos
hayáis
hayan

c) Compara tus respuestas con las de tu compañero y tratad de formular una regla que explique esos cambios.

d) ¿Alguna vez has hecho o te ha sucedido alguno de los cambios del apartado 1a)? ¿Y a alguien que tú conozcas? Muévete por la clase y habla con tus compañeros.

▶ *¿Conoces a alguien que haya montado un negocio?*
▶ *Sí, mis amigos Borja y James montaron una academia de inglés.*

2. Este año es mi año

a) Imagina que estamos a final de año. Escribe tres frases sobre tus propósitos para el año que viene (verdaderas o falsas). Tu compañero tendrá que adivinar si son verdad o no.

b) Escucha a unos amigos hablando de lo que se proponen hacer y completa la tabla.

	¿Qué se propone?	¿Por qué?	¿Para cuándo?
Manolo			
Raúl			

c) Escucha a estas personas un tiempo después. ¿Han conseguido lo que se habían propuesto?

3. Si me lo propongo, lo consigo

a) Lee los siguientes textos. ¿Cuál de las siguientes frases crees que le corresponde a cada uno?

Su lema es "Vive el momento con calma".

Su lema es "Si quieres, puedes".

 1

Es una persona constante y entusiasta, le gusta ponerse metas y trabaja hasta cumplir sus objetivos. Le motiva pensar en sus futuros logros. En ocasiones, puede ser demasiado ambiciosa. No se rinde nunca: cuando se propone algo, no para hasta conseguirlo.

 2

Vive el presente con tranquilidad. No se agobia pensando en el futuro. Es muy trabajador, pero raramente se pone metas, se conforma con lo que tiene e intenta disfrutar de cada momento. En el trabajo es detallista con lo que hace aunque, tal vez, un poco lento, pero el resultado final suele ser inmejorable.

b) ¿Cuál de los dos lemas del apartado 3a) crees que define mejor a tu compañero? Puedes hacerle estas u otras preguntas para averiguarlo.

- ¿Sueles estar a gusto con lo que tienes o piensas que puedes mejorar?
- ¿Tienes la costumbre de proponerte cosas a principios de año o a principios de verano...?
- ¿Eres una persona entusiasta y constante o te rindes con facilidad?
- ¿Alguna vez has conseguido algo que te parecía muy difícil?
- ¿Sueles dejar cosas sin terminar? ¿Cuáles?

c) ¿Has llegado a una conclusión? Díselo al resto de la clase y argumenta tu respuesta.

Yo creo que a Jane le corresponde más el lema de "Si quieres, puedes" porque...

1. Crecimiento de una ciudad

a) Lee el texto y averigua cómo ha ido creciendo la población de Madrid.

Historia de Madrid

No se conoce exactamente la fecha de fundación de la ciudad, aunque hay indicios que muestran que en la época romana ya existía un pequeño núcleo. Los musulmanes edificaron en este lugar una fortaleza a la que llamaron *Magerit*, palabra de la que procede su actual denominación. Alrededor se desarrolló, posteriormente, la villa de Madrid.

Durante la Edad Media su población era de menos de tres mil habitantes. Se sabe que en el año 1268 la población de Madrid disminuyó enormemente a causa de una epidemia, se quedó casi sin habitantes.

A partir del siglo XV, aunque de forma intermitente, Madrid se convirtió en el lugar de residencia de muchos monarcas españoles. Con Felipe II, en 1561, se estableció la corte en Madrid gracias a su excelente situación en el centro de la Península. Este hecho impulsó su crecimiento. Pero fue Felipe III quien consolidó definitivamente la ciudad como sede del gobierno de la Corona. La población siguió aumentando: a principios del siglo XVII ascendía a más de ochenta mil habitantes.

Madrid ha crecido mucho en los últimos cuarenta años. Actualmente la ciudad se sigue desarrollando, sobre todo hacia el oeste y el sur. Este crecimiento se debió, en un primer momento, a la llegada de personas de otras provincias. Hoy día, tiene alrededor de tres millones de habitantes y tan solo el 46,6% de esta población ha nacido en la ciudad. En la actualidad está aumentando la inmigración de personas de otros países, por lo que en los últimos tiempos Madrid se ha vuelto cada vez más cosmopolita y hospitalaria.

Adaptado de VV. AA., *Madrid. Historia de una capital*

b) Lee más despacio el texto y contesta a estas preguntas.

1. ¿Qué pasó en 1268?
2. ¿Qué pasó a partir del siglo XV?
3. ¿Qué consecuencia tuvo el establecimiento de la corte en Madrid en 1561?
4. ¿Qué transformación ha experimentado el carácter de la ciudad con la llegada de gente de otros países?

c) Todos estos verbos aparecen en el texto anterior. Relaciona cada uno con su significado.

1. volverse

2. convertirse en

3. quedarse sin

a. transformarse en algo

b. perder algo

c. cambiar de personalidad

2. ¡Cómo hemos cambiado!

a) Lee lo que cuentan varias personas sobre los cambios que han vivido.

1 Desde que me apunté al gimnasio, mi vida ha cambiado. Estoy más relajado. Sigo trabajando mucho, pero a otro ritmo. He dejado de vivir estresado.

2 Valladolid se ha convertido en una ciudad mucho más agradable. Antes la gente llevaba el coche a todos los sitios. Desde que hicieron el centro peatonal, da gusto pasear por sus calles.

3 En Madrid, antes la gente salía todos los días. Pero a raíz de la crisis económica las cosas cambiaron: la gente dejó de salir a diario, aunque sigue saliendo los fines de semana.

4 Desde su ascenso se ha convertido en otra persona, se ha vuelto prepotente y antipático.

5 Mi pueblo ha cambiado mucho, se ha quedado sin gente, pero yo sigo yendo allí todos los años a veranear porque me encanta.

6 Esta plaza ha cambiado mucho. Por ejemplo, cuando yo era pequeño, eso era un hospital, ahora se ha convertido en museo; aquel edificio tan bonito estaba en ruinas y aquel de allá era un colegio y ahora se ha convertido en un cine, claro ya casi no hay niños en el pueblo... Lo único que sigue igual es la iglesia.

b) Busca en los textos anteriores frases que expresen:

- Una costumbre del pasado:
  Antes la gente salía todos los días.
- Una costumbre abandonada:
  La gente dejó de salir a diario.
- Una costumbre que continúa:
  Sigo trabajando mucho.
- Algo que se ha perdido:
  Mi pueblo se ha quedado sin gente.
- Una transformación radical:
  El hospital se ha convertido en museo.

COMUNICACIÓN

Expresar hábitos que desaparecen

- He dejado de hacer deporte.
- Ya no hago deporte.

COMUNICACIÓN

Expresar hábitos que continúan

- Sigo saliendo al campo los fines de semana.
- Todavía salgo al campo los fines de semana.

c) ¿Y tú?, ¿has cambiado mucho (algún rasgo de tu personalidad, alguna costumbre)? ¿Desde cuándo? ¿Qué rasgos de tu personalidad o qué hábitos conservas? Coméntalo con tu compañero.

VOCABULARIO

Expresiones para hablar del inicio de algo

Desde...
A partir de... + fecha o acontecimiento
Después de...
A raíz de + acontecimiento
Desde que + frase

¡Extra!

Escribe un texto con el título **Cambios en mi vida**. En él puedes hablar de todas las cosas que han cambiado o no a lo largo de tu vida, en qué momento se produjeron dichos cambios, cosas que te has propuesto en tu vida...

La transición española

1. En grupos de cuatro. ¿Qué sabéis sobre la transición española? Comentadlo y tomad notas.

2. Leed este texto para comprobar vuestras hipótesis.

HACIA LA DEMOCRACIA

La transición española es un proceso histórico en el que España pasó de la dictadura del general Franco a un Estado democrático y de derecho. Muchos historiadores la consideran un ejemplo único en el mundo de transición política pacífica. Se extiende, aproximadamente, de 1975 a 1982, año en que el Partido Socialista gana las elecciones generales.

Antes de su muerte —el 20 de noviembre de 1975— Franco nombró como su sucesor al rey Don Juan Carlos I: la monarquía volvió a ser restaurada en España tras el paréntesis de la dictadura. Don Juan Carlos fue coronado rey de España dos días más tarde de la muerte de Franco en una ceremonia solemne. El rey era consciente del deseo de la mayoría de los españoles de establecer la democracia como modelo político en España, por lo que nombró presidente del gobierno a Adolfo Suárez, un político de centro, partidario de ideas democráticas. La contribución más importante de Suárez fue la aprobación de la Ley de Reforma Política, que defendía el sufragio universal, la libertad del pueblo y los derechos del individuo, al mismo tiempo que quitaba poder al ejército devolviéndolo a la sociedad civil. Esta ley fue aprobada el 15 de diciembre de 1976, mediante un referéndum con un 94% de votos a favor.

En junio de 1977 se convocaron las primeras elecciones generales libres después de 41 años, en las que los ciudadanos votaron para elegir a sus representantes en el Senado y en el Congreso. Ganó el partido de Suárez, el CDS (Centro Democrático Social), seguido de cerca por el PSOE (Partido Socialista Obrero Español).

En 1978 el rey juró la Constitución que había sido aprobada por referéndum el 6 de diciembre y que era el fruto del consenso entre los partidos políticos. Con esta nueva Constitución —la misma que está en vigor hoy día—, Estado asumió la defensa de los derechos y libertades del individuo, así como la igualdad de todos los españoles y su participación en la vida económica, cultural y social. También define a España como un país único, pero reconociendo la existencia de regiones con un margen de autonomía con respecto al gobierno central. En 1980 Cataluña y el País Vasco aprobaron —también por referéndum— sus estatutos propios, convirtiéndose en comunidades autónomas.

Otros cambios importantes son: el derecho a la educación —ahora obligatoria y gratuita—, la proclamación de la libertad religiosa, la aprobación del divorcio (julio de 1981) y la abolición de la pena de muerte.

3. Marcad si estas frases son verdaderas o falsas.

	V	F
1. La etapa de la transición empezó en los años sesenta.	☐	☐
2. El paso de la dictadura a la democracia fue muy violento.	☐	☐
3. Franco murió en 1980.	☐	☐
4. Juan Carlos I fue el sucesor de Franco.	☐	☐
5. El rey designó presidente a Adolfo Suárez.	☐	☐
6. Adolfo Suárez era un político de izquierdas.	☐	☐
7. El rey juró la Constitución en 1978.	☐	☐
8. La Constitución abolió la pena de muerte.	☐	☐

4. ¿Cómo crees que cambiaron los españoles en su carácter, en su forma de vida, en su ideología... desde que empezó la democracia en España? Coméntalo con tus compañeros.

¡JUEGA CON EL ESPAÑOL!

CANCIÓN

• Lee la letra de la canción *¡Cómo hemos cambiado!*

¡CÓMO HEMOS CAMBIADO!

¡Ah! ¡Cómo hemos cambiado!,
¡qué lejos ha quedado
aquella amistad!

Así como el viento lo abandona todo al paso,
así, con el tiempo todo es abandonado;
cada beso que se da
alguien lo abandonará.

Así con los años unidos a la distancia,
fue así como tú y yo perdimos la confianza;
y cada paso que se dio
algo más nos alejó.

¡Sí! Lo mejor que conocimos
separó nuestros destinos
que hoy nos vuelven a reunir;
tal vez si tú y yo queremos
volveremos a sentir
aquella vieja entrega.

¡Ah! ¡Cómo hemos cambiado!,
¡qué lejos ha quedado
aquella amistad!
Ah! ¡Di!, ¿qué nos ha pasado?,
¡cómo hemos olvidado
aquella amistad!

S. Giménez y J. L. Giménez

• Entre todos escribid cada verso de la canción en una gran tarjeta. Cerrad el libro y poned todas las tarjetas boca abajo. Mezcladlas y repartidlas entre todos los componentes de la clase.

• Elegid un lugar del aula donde vais a ir pegando los versos por orden para formar la letra de la canción (una pared, la puerta, la pizarra...).

• Escucha la canción. Cuando oigas uno de los versos que tienes, te levantas y lo pegas debajo del verso anterior.

• Comprobad los resultados con el libro.

1. Lee este texto que nos habla de un movimiento que supuso una serie de cambios. ¿Sabes a cuál de estos hechos históricos se refiere?

Fue un movimiento de rebeldía y de protesta, sobre todo contra las convenciones sociales y el materialismo de la sociedad de consumo para llevar una vida diferente en la que la paz y el amor eran dos elementos fundamentales. La gente pedía más libertad en las costumbres, más democracia social y política y también más reconocimiento de los derechos de la mujer.

Al mismo tiempo hubo un cambio en la estética; los jóvenes vestían ropa informal, con colores vistosos y estampados, muchos se dejaron el pelo largo y barba. La música se volvió más contestataria y algunas islas se convirtieron en lugar de destino de muchos jóvenes.

| Llegada del hombre a la Luna. | Caída del muro de Berlín. | Revolución cubana. | Revuelta de mayo del 68. | Creación de la Unión Europea. |

2. En pequeños grupos, haced una lista de movimientos y hechos históricos que han supuesto cambios en la humanidad a lo largo de la historia, desde sus comienzos hasta la actual era tecnológica.

3. Escribid un texto para cada uno de estos hechos o movimientos en el que se reflejen los cambios que se produjeron.

4. Dibujad un gran mapamundi en una cartulina.

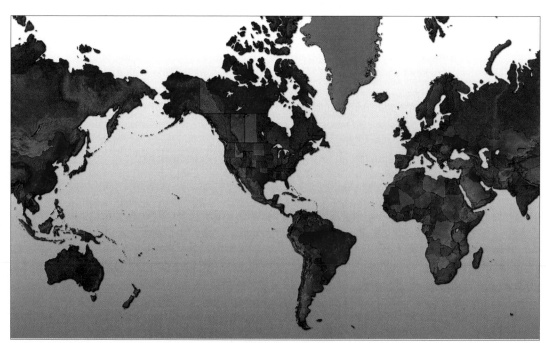

5. Cada grupo lee en voz alta sus textos al resto de los compañeros. Estos tendrán que adivinar de qué hecho o movimiento se trata y pegarlo en el lugar adecuado del mapa.

La inteligencia

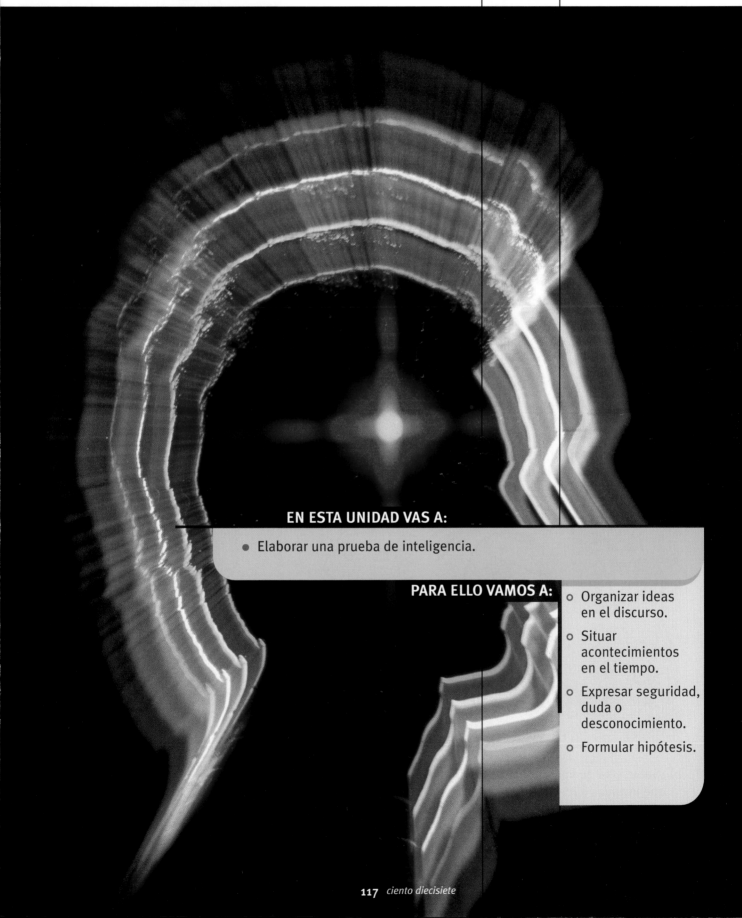

EN ESTA UNIDAD VAS A:

- Elaborar una prueba de inteligencia.

PARA ELLO VAMOS A:

- Organizar ideas en el discurso.
- Situar acontecimientos en el tiempo.
- Expresar seguridad, duda o desconocimiento.
- Formular hipótesis.

1. Tipos de inteligencia

a) Relaciona cada actividad con el tipo de inteligencia más adecuado.

1. coordinar los movimientos del cuerpo: correr, bailar...
2. trabajar con imágenes mentales y razonamientos abstractos
3. distinguir los tonos de una melodía
4. convencer o influir sobre los demás con la palabra
5. saber analizar los propios estados de ánimo
6. orientarse con facilidad en un lugar desconocido
7. tener facilidad para integrarse e, incluso, destacar en un grupo

cinético-corporal   lingüística   lógico-matemática

espacial   musical   interpersonal   intrapersonal

b) ¿Qué tipo de inteligencia crees que tiene más desarrollado cada uno de los personajes de las fotografías centrales? ¿Y tú? Coméntalo con tu compañero argumentando las respuestas.

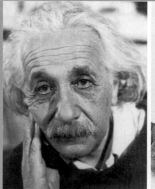
Einstein

Beethoven

Madame Curie

Nureyev

2. Saltó por encima del tejado

a) Observa las imágenes y relaciónalas con la frase correspondiente.

1. Saltó por encima del tejado.
2. Pasó corriendo por debajo del puente.
3. Estuvo paseando por el parque.
4. Entró por la puerta principal.
5. Dio un paseo por la plaza.
6. Pasó corriendo por delante de la farmacia.

A

B

C

D

E

F

García Márquez

b) ¿Sabes usar tu imaginación? Inventa una pequeña historia en la que incluyas (en el orden que tú quieras) el máximo de escenas de las seis con las que acabamos de trabajar y cuéntasela a tu compañero.

Número de escenas incluidas: ....

GRAMÁTICA

Por

- La preposición *por* indica movimiento dentro de un sitio o a través de un sitio.
  Estuvo paseando por el parque.

- Puede combinarse formando otras expresiones de lugar.
  El coche pasó por delante/detrás de la estación.
  La carretera nueva pasa por encima/debajo de la antigua.

Goya

Freud

Ghandi

María Callas

Teresa de Calcuta

3. La mochila de George está debajo de su silla

En tres minutos, en parejas, vais a poner ejemplos con cosas que se puedan ver en clase. Por cada frase correcta, os anotáis un punto. Usad expresiones del cuadro de vocabulario.

La mochila de George está debajo de su silla.

Aciertos: ....

4. Organizar las ideas

a) Una herramienta útil para recordar algo es organizar nuestras ideas. Lee el siguiente texto y observa el esquema que hemos hecho.

La realidad de este mundo se puede dividir en cuatro grandes clases de materia. **Por un lado**, la materia no viva con el átomo como idea central. **Por otro**, la materia viva con la célula como elemento fundamental. **En tercer lugar**, la materia inteligente con la neurona como base y, **para finalizar**, la materia civilizada cuyo pilar es la mente.

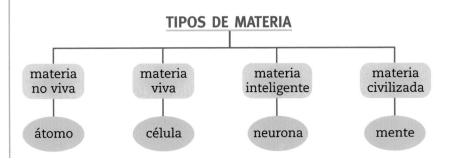

TIPOS DE MATERIA

materia no viva	materia viva	materia inteligente	materia civilizada
átomo	célula	neurona	mente

b) Escucha un texto y haz un esquema. Después escribe un breve texto de acuerdo con el esquema que has hecho.

c) Compara tu texto con el de tu compañero. El profesor os va a enseñar el original. ¿Qué tal? Ponte una puntuación de 1 a 5.

Puntuación: ....

1. ¿Sabes en qué año fue?

a) Observa estas imágenes de hechos históricos recientes. ¿Sabes qué ilustran? Coméntalo con tus compañeros.

b) Escucha y lee los siguientes diálogos. En ellos unas personas tratan de recordar en qué momento tuvieron lugar algunos acontecimientos históricos.

▶ ¿Sabes en qué año fue el ingreso de España en la CEE?
▶ Sí, en 1986.
▶ ¿Seguro?
▶ Sí, sí. Estoy totalmente segura.

▶ ¿Te acuerdas de cuándo se celebró la cumbre de la Tierra en Brasil?
▶ Creo (me parece/creo recordar)que fue en 1992.
▶ ¿Seguro?
▶ No, no estoy seguro del todo, pero me parece que fue en el 92.

c) El profesor va a leer un breve texto en el que se habla de estos acontecimientos ordenados cronológicamente. Escucha e intenta recordar. Después, habla con tu compañero e intentad relacionar cada uno de estos hechos con una fecha.

1 La creación del MERCOSUR.	1983
2 La Exposición Universal de Sevilla.	1986
3 La celebración del Mundial de fútbol en México.	1991
4 La concesión del primer óscar a un director de cine español (José Luis Garci).	1992
5 La inauguración del museo Guggenheim de Bilbao.	1997
6 Sustitución de la peseta por el euro.	1998
7 La primera expedición de la NASA con un astronauta español (Pedro Duque).	2002

▶ ¿Sabes en qué año tuvo lugar...?
▶ En.../Creo.../No lo sé.

COMUNICACIÓN

Situar acontecimientos en el tiempo

• La creación del MERCOSUR fue/tuvo lugar en 1994.
• Los Juegos Olímpicos de Barcelona tuvieron lugar/fueron en 1992.

d) Escucha y comprueba. Después, anota el número de aciertos que has tenido.

Número de aciertos: ....

2. Creía que...

a) Lee estas viñetas y completa el cuadro que hay debajo.

La bebida típica de Argentina es el mate.

¡Ah!, creía que era el café.

Las primeras elecciones generales después de Franco fueron en 1977.

¿Sí? Pensaba que habían sido en el 76.

GRAMÁTICA

Pretérito pluscuamperfecto

había
habías
había
habíamos   +   participio
habíais
habían

Información en presente de indicativo	→ *Creía/Pensaba que + ...*
Información en pretérito indefinido o perfecto	→ *Creía/Pensaba que + ...*

b) Completa los siguientes diálogos.

▶ El Aconcagua está en Argentina.
▶ ¡Ah!, pensábamos que .... en Perú.

▶ Almodóvar ganó el óscar en el 2000.
▶ ¡Ah!, creíamos que lo .... en el 2001.

COMUNICACIÓN

Reaccionar ante una información

- Sí, ya lo sabía.
- Es verdad, no me acordaba/ Ah, sí, lo había olvidado.
- Creía que/pensaba que...
- No lo sabía./No tenía ni idea.

c) Escucha y comprueba.

d) Aquí tienes algunas preguntas para poner a prueba tu memoria (la mayoría han ido apareciendo a lo largo del libro). Señala la opción correcta.

1. Picasso nació en:
   a. Barcelona   b. Salamanca   c. Málaga
2. ¿Cuántas lenguas oficiales hay en España?
   a. tres   b. cinco   c. cuatro
3. ¿En qué año Colón descubrió América?
   a. en 1452   b. en 1552   c. en 1492
4. ¿Qué es el amaranto?
   a. un animal   b. un cereal   c. una bebida
5. ¿Cuánto tiempo duró la transición española?
   a. unos 7 años   b. cerca de 4 años   c. más de 12 años
6. ¿Qué otra lengua, además del español, es oficial en Perú?
   a. guaraní   b. quechua   c. inglés
7. ¿Cuál es la ciudad más poblada del mundo?
   a. México D.F.   b. Tokio   c. Nueva York
8. ¿Dónde se conocieron Gala y Dalí?
   a. en Barcelona   b. en Gerona   c. en Madrid

e) El profesor va a leer las soluciones a las preguntas del test. Reacciona en cada caso. Después, anota el número de aciertos.

Número de aciertos: ....

1. Test de inteligencia

a) Lee el siguiente texto y marca cuál de las frases lo resume mejor.

> El 13 de diciembre de 1994, el *Wall Street Journal* publicó un artículo firmado por 52 autores que definían la inteligencia como "una aptitud mental que nos permite razonar, prever, resolver problemas, pensar en abstracto, captar ideas complejas, aprender rápidamente y aprovechar la experiencia, comprender nuestro entorno e imaginar soluciones prácticas. Definida así, la inteligencia puede medirse, y los test de C.I. (coeficiente intelectual) la miden bien".

La inteligencia no se puede medir	Los test de C.I. son un fraude	Los test de C.I. son muy válidos

b) Imagina esta situación: llegas a tu escuela de español y está cerrada; no sabes por qué. Inmediatamente, empiezas a buscar posibles explicaciones.

¿Cuál o cuáles de las habilidades que se nombran en el texto anterior crees que se ponen en marcha para hacer hipótesis?

2. ¿Dónde estará Maite?

a) Observa la imagen: Ana ha quedado con su amiga Maite, pero esta no llega.

A lo mejor está en un atasco.

Estará en el trabajo.

Se le habrá olvidado que hemos quedado.

Quizá se haya encontrado con alguien.

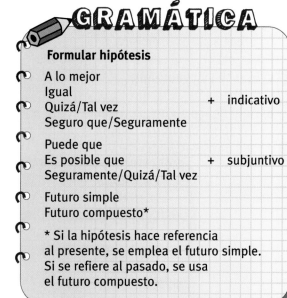

GRAMÁTICA

Formular hipótesis

A lo mejor
Igual
Quizá/Tal vez   + indicativo
Seguro que/Seguramente

Puede que
Es posible que   + subjuntivo
Seguramente/Quizá/Tal vez

Futuro simple
Futuro compuesto*

* Si la hipótesis hace referencia al presente, se emplea el futuro simple. Si se refiere al pasado, se usa el futuro compuesto.

b) ¿Puedes imaginar tú otras razones que expliquen por qué no ha llegado Maite? Habla con tu compañero y escribidlas.

GRAMÁTICA

Futuro compuesto

habré
habrás
habrá   + participio
habremos
habréis
habrán

c) Escucha a unas personas que hacen hipótesis para explicar algunas situaciones y completa la tabla.

	situación	hipótesis
1		
2		
3		
4		
5		
6		

d) Lee estas situaciones y escribe una hipótesis que explique cada una de ellas. Tienes 2 minutos. (Trata de ser original.)

1. Jorge en su trabajo siempre viste de blanco. ➡ *Será médico.*

2. Esther tiene la cara roja.

3. Son las 12 del mediodía y Javier sigue durmiendo.

4. Alice está en clase de español con los ojos cerrados.

5. Rosalía entra en casa totalmente despeinada.

e) En grupos de cuatro, poned en común vuestras hipótesis. Cada frase correcta vale un punto. Si no la ha escrito nadie más, vale dos puntos.

Puntos: ....

f) Aquí acaba nuestro test. ¿Cuántos puntos has obtenido en total?

Puntuación total: ....

3. ¿Se puede medir la inteligencia?

En pequeños grupos. Leed las siguientes afirmaciones sobre la inteligencia y comentad si estáis o no de acuerdo con cada una.

Las personas más inteligentes son las que obtienen una mayor puntuación en los tests de inteligencia. *1*

Las personas más inteligentes son las que son capaces de resolver los problemas de cada día de manera satisfactoria. *2*

Una persona que sabe moverse armónicamente es tan inteligente como la que sabe hacer problemas de matemáticas, simplemente tiene otro tipo de inteligencia.

COMUNICACIÓN

Hacer referencia a una información previa

• Estoy de acuerdo con lo de que los test de inteligencia son inútiles porque...

▶ *¿Qué opináis de lo de que las personas más inteligentes son las que obtienen una mayor puntuación en los tests?*

▶ *Yo no estoy de acuerdo porque...*

Premios Nobel

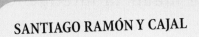

1. Lee esta información sobre cuatro premios Nobel españoles y latinoamericanos.

GABRIELA MISTRAL

Escritora chilena que ganó el premio Nobel de Literatura en 1945.
Nació en Vicuña. Su nombre real es Lucila Godoy.
Comenzó desde muy joven a trabajar como ayudante en una escuela y colaboró en varios periódicos, firmando siempre con seudónimos.

Trabajó como cónsul en diversos países. Recibió el título de doctor *honoris causa* en diversas universidades y su fama creció a nivel mundial al conocerse que fue la primera escritora latinoamericana en recibir el premio Nobel. Murió en 1957.

OCTAVIO PAZ

Nació en una familia de escritores. Mientras estudiaba la carrera de Derecho se dedicó al periodismo literario en diversas revistas. En 1934 se trasladó a Yucatán para trabajar como maestro rural; allí se inspiró para escribir sus primeros poemas.
Trabajó en la Secretaría de Relaciones Exteriores de México y, posteriormente, desempeñó el cargo de embajador de su país.
Entre los premios que obtuvo, destacan el premio Cervantes de Literatura en 1981, el Nobel de Literatura y el premio Príncipe de Asturias de Comunicación y Humanidades en 1995.

SANTIAGO RAMÓN Y CAJAL

Científico español que obtuvo el premio Nobel de Medicina en 1906. Inició sus estudios de Medicina y en 1877 se doctoró en la Universidad Complutense de Madrid. A partir de 1888 se dedicó al estudio de las conexiones de las células nerviosas, para lo cual desarrolló métodos propios, exclusivos para neuronas y nervios. Gracias a ello logró demostrar que la neurona es el constituyente fundamental del tejido nervioso. Fue nombrado miembro de la Real Academia de Ciencias de Madrid en 1895 y miembro electo de la Real Academia Española de Ciencias. La Academia Imperial de Ciencias de Berlín le otorgó la Medalla de Oro de la institución en 1905. Su labor gozó de un amplio reconocimiento internacional, que no solo se circunscribe a su época: hoy día es citado en las publicaciones de vanguardia a diario.

ÓSCAR ARIAS SÁNCHEZ

Nació en Heredia (Costa Rica) en 1940. Estudió Derecho y Economía en la Universidad de Costa Rica y Ciencias Políticas en varias universidades inglesas. Se doctoró con una tesis sobre los líderes políticos costarricenses.

Fue profesor de la Universidad de Costa Rica y en la década de los setenta fue nombrado ministro de Planificación Nacional y Política Económica, cargo desde el que sentó las bases del Plan Nacional de Desarrollo. En 1978 fue nombrado Diputado de la Asamblea Legislativa y, finalmente, en 1986 fue elegido presidente de Costa Rica como candidato del Partido de Liberación Nacional. Durante su mandato Costa Rica experimentó un gran crecimiento económico.

Preocupado por la creciente tensión armada en Centroamérica, diseñó un plan de paz antes de que los conflictos llegasen a Costa Rica. En 1987 realizó un viaje a España y a todos los países centroamericanos para que apoyasen su plan. Logró su aprobación ese mismo año y en el mes de diciembre se le concedió el premio Nobel de la Paz por su contribución a favor de la pacificación de Centroamérica.

2. En dos grupos: cada grupo escribe cuatro preguntas relativas a los premios Nobel que acabamos de presentar (una pregunta por cada uno) y se las hace al otro grupo. Tenéis que encontrar las respuestas en los textos en menos de un minuto.

¡JUEGA CON EL ESPAÑOL!

- A continuación te presentamos un test que te permitirá evaluar tu memoria. El objetivo del mismo consiste en memorizar esta serie de objetos que podrás visualizar durante 20 segundos.

silla	león	guitarra	cuchara	pizarra	autobús	teléfono	pan

- Cierra el libro y escribe el mayor número de palabras que recuerdes.

- Existen una serie de técnicas que nos permiten mejorar la capacidad para recordar cosas. Sabemos que nuestro cerebro recuerda con mayor facilidad una historia con un hilo argumental antes que una serie de palabras inconexas. ¿Por qué no lo intentas con los dibujos anteriores?

1. Lee este texto:

TEST DE INTELIGENCIA

Cuando en 1976 se pidió a un grupo de niños orientales, inmigrantes en Israel, que indicasen el detalle que le faltaba a un dibujo de una cara sin boca, dijeron que el cuerpo. Consideraban que su ausencia era más importante que la falta de un simple detalle corporal como la boca. Esta experiencia muestra lo difícil que resulta diseñar un test que pueda medir la inteligencia innata sin tener en cuenta aspectos culturales.

La confección de un test de inteligencia es una tarea muy laboriosa. Hay que crear las preguntas, que estarán enfocadas a medir determinadas habilidades —lógicas, matemáticas, espaciales, verbales...—. También hay que hacer una buena elección para que todas las habilidades estén equilibradas. Después, el test se debe aplicar a una cantidad de población estadísticamente significativa, y hoy la mayoría no tiene en cuenta el sentido común, la intuición, la potencia del pensamiento ni la creatividad.

Otra precaución que hay que tener presente es el sexo de la persona. Los datos revelan que los varones tienden a obtener mejores resultados en las pruebas de capacidad espacial, y las mujeres, en las de aptitud verbal. Si el test no está bien equilibrado, puede falsear los resultados.

2. Lee más despacio el texto y:
– subraya los argumentos a favor de los test de C.I.
– rodea con una línea los argumentos en contra de los test de C.I.

3. ¿Crees que la inteligencia puede medirse? ¿Qué opinión tienes sobre los test de inteligencia? Coméntalo con tu compañero.

4. A lo largo de esta unidad, hemos ido proponiendo diferentes actividades para poner a prueba algunos aspectos de tu memoria, de tu imaginación, de tu poder de organización de ideas o de tu agilidad mental. Revisa las actividades y habla con tu compañero para decidir cuál de estos puntos ponía a prueba cada ejercicio.

5. En pequeños grupos, diseñad una actividad similar a las que hemos propuesto durante la unidad. Cada uno de vosotros deberá copiarla en un papel de la forma más clara posible.

6. Intercambiad la prueba con la de otro grupo y realizad la que os ha tocado.

7. Cuando terminéis, comentad las respuestas con los autores para conocer la solución. ¿Qué tipo de inteligencia o habilidad medía la prueba? ¿Qué tal los resultados?

El cine

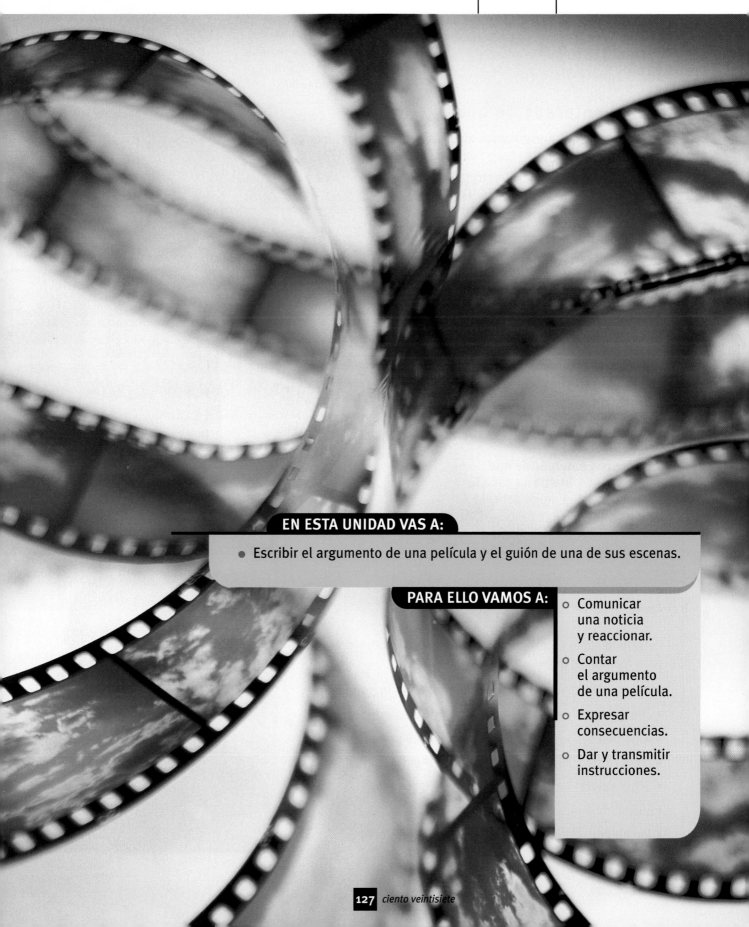

EN ESTA UNIDAD VAS A:

- Escribir el argumento de una película y el guión de una de sus escenas.

PARA ELLO VAMOS A:

- o Comunicar una noticia y reaccionar.

- o Contar el argumento de una película.

- o Expresar consecuencias.

- o Dar y transmitir instrucciones.

1. Gente de cine

Mira las fotos centrales. ¿Conoces a algún personaje? Todos son famosos relacionados con el cine. Escucha sus descripciones e identifica a cada uno de ellos.

> **COMUNICACIÓN**
>
> **Hacer conjeturas sobre la edad de alguien**
>
> - Tendrá 40 años.
> - Tiene unos 30 años.
> - Tiene cincuenta y tantos años.

2. ¿Te has enterado de que...?

a) A continuación te presentamos algunas acciones relacionadas con el cine. Marca quién hace cada una de ellas.

	director(a)	actor/actriz	ambos
rodar una película	☐	☐	☐
estrenar una película	☐	☐	☐
dirigir una película	☐	☐	☐
ensayar	☐	☐	☐
ganar un premio	☐	☐	☐
interpretar/hacer el papel de	☐	☐	☐

b) Escucha y lee estos diálogos.

1. ▶ ¿Sabes que Nicole Kidman actúa en la última película de Amenábar?
   ▶ Sí, lo he oído en la radio esta mañana.

2. ▶ ¿Te has enterado de que Fernando Trueba ha ganado el óscar a la mejor película extranjera?
   ▶ ¡No me digas! Me alegro, me encantan sus películas.

> **COMUNICACIÓN**
>
> **Comunicar una noticia y reaccionar**
>
> ▶ ¿Te has enterado de que...?/ ¿Sabes/Sabías que...?
>
> ▶ No, no lo sabía./No tenía ni idea.
> ▶ Sí, lo he leído en el periódico.
> ▶ Sí, lo oí el otro día en la radio/ en la tele.

c) Ahora, escucha de nuevo los diálogos y repite.

d) Relaciona como en los ejemplos estas otras expresiones para reaccionar ante una noticia.

- ¡No me digas! → incredulidad
- ¿De verdad?
- ¡Qué bien!   alegría
- ¿En serio?   pena
- ¡Qué suerte!
- ¿Sí?   sorpresa
- Me alegro.   enfado

- No me lo puedo creer.
- ¡Qué alegría!
- ¡Qué pena!
- ¡Por fin!
- ¡Qué rabia!
- ¡Menos mal!
- ¿Sí? Pero si...

e) Relaciona las dos partes de estas noticias imaginarias.

1. ¿Sabes que Verónica Forqué hace de mala en su última película?

A. ¡No me digas! No lo sabía... Pues seguro que merece la pena ver la película. Son dos actrices estupendas.

2. ¿Te has enterado de que Cecilia Roth y Salma Hayek van a rodar una película juntas?

B. Sí, lo he oído esta mañana en la radio.

3. ¿Te has enterado de que Campanella va a rodar una nueva película ?

C. ¿Sí? Pero si siempre hace de buena...

f) Inventa y escribe en una tarjeta una noticia sobre personajes relacionados con el cine.

> *Julio Médem acaba de rodar una película en el Polo Norte.*

En parejas, por turnos, contaos las noticias y reaccionad consecuentemente. Después, cambiaos las tarjetas y contad las noticias a otro compañero de clase.

3. De película

a) Estos son los principales géneros del cine. Si no conoces el significado de alguna palabra, pregunta a tus compañeros.

> acción   aventuras   bélica   ciencia ficción   comedia
>
> documental   drama   fantástico   histórica
>
> musical   romántica   terror   suspense

b) Escucha a cinco personas y anota qué género cinematográfico prefieren.

1. _____
2. _____
3. _____
4. _____
5. _____

c) ¿Y tú?, ¿qué géneros prefieres? ¿Por qué? Habla con tu compañero.

1. De cine

a) Lee esta información sobre algunas películas españolas y latinoamericanas. ¿A cuál de ellas corresponde cada sinopsis?

1

Juana la Loca, de **Vicente Aranda** (2001)
Pilar López de Ayala, Daniele Liotti,
Rosana Pastor, Giuliano Gemma.
Nacionalidad: España-Italia-Portugal.
Duración: 110´.
Género: Histórica.
Ganadora de 3 premios Goya.

2

Intacto, de **Juan Carlos Fresnadillo** (2001)
Leonardo Sbaraglia, Eusebio Poncela,
Mónica López, Max Von Sydow.
Nacionalidad: España.
Duración: 105´.
Género: Fantástico.
Ganadora de 1 premio Goya.

3

El hijo de la novia, de **J. J. Campanella** (2001)
Ricardo Darín, Héctor Alterio, Norma Aleandro.
Nacionalidad: Argentina-España.
Duración: 120´.
Género: Comedia.
Nominada para 1 óscar.

4

Los otros, de **Alejandro Amenábar** (2001)
Nicole Kidman, Fionula Flanagan,
Christopher Eccleston.
Nacionalidad: España-Estados Unidos-Francia.
Duración: 105´.
Género: Terror.
Ganadora de 8 premios Goya.

5

Tango, de **Carlos Saura** (1998)
Miguel Ángel Solá, Cecilia Narova,
Juan Luis Galiardo
Nacionalidad: España-Argentina.
Duración: 110´.
Género: Musical.
Ganadora de 1 premio Goya y 1 Silver Condor.

6

Los amantes del Círculo Polar,
de **J. Médem** (1998)
Fele Martínez, Najwa Nimri, Nancho Novo,
Maru Valdivielso.
Nacionalidad: España.
Duración: 110´.
Género: Drama.

A

En 1980, una tarde a la salida del colegio, las vidas de Ana y Otto se cruzan casualmente para siempre. El azar les hace repetir sus encuentros constantemente, en un círculo que no se cerrará hasta diecisiete años más tarde en Finlandia, al borde del Círculo Polar.

B

Rafael está insatisfecho con la vida que lleva, está obsesionado con el trabajo, es incapaz de comunicarse con nadie. Su único afán es el restaurante que montó su padre. Un día aparece un amigo que le hace replantearse su vida. Rafael le ofrecerá a su padre apoyo para cumplir el viejo sueño de su madre: casarse por la Iglesia.

C

Juana viaja a Flandes para contraer matrimonio con Felipe el Hermoso. Se enamoran al instante, pero también nacen en ella unos fuertes celos motivados por la infidelidad de Felipe. Ella lo quiere tanto que tras la muerte de este, decide encerrarse por amor.

D

Un extraño personaje recoge a un joven atracador que ha sobrevivido a un accidente y pretende que le ayude a vengarse de su antiguo jefe.

E

Durante la Segunda Guerra Mundial, en la pequeña isla de Jersey, en el Canal de la Mancha, Grace se traslada con sus dos hijos enfermos a una casa en una isla solitaria mientras su esposo se va a la guerra. Los niños son muy sensibles al sol, por eso deben vivir en total oscuridad. Un día descubren que no están solos: hay una presencia sobrenatural en su casa.

F

Un director de cine que no supera el abandono de su mujer se enamora de la amante de un mafioso, la protagonista de su nueva película, un filme sobre el tango. Es una historia de amores imposibles, de nostalgias y frustraciones.

b) Escribe 6 preguntas sobre estas películas. Después, tu compañero tendrá que contestarlas.

2. Hechos y consecuencias

a) ¿Qué consecuencias tienen estos hechos de las películas anteriores? Fíjate en los ejemplos del cuadro de comunicación y transforma las siguientes frases.

Los niños de *Los otros* son muy sensibles al sol ➡

Juana quiere mucho a su marido ➡

b) Piensa en cosas que haces o has hecho en tu vida y en las consecuencias que tienen o han tenido y cuéntaselas a tus compañeros.

Soy licenciada en Historia, por eso ahora doy clases en la universidad.

COMUNICACIÓN

Expresar una consecuencia

- Llegué muy cansada, por eso no fuimos.
- Esta tarde voy al gimnasio, así que no me esperes.
- Es tan simpática que todo el mundo quiere estar con ella.
- Gritó tanto que se quedó afónico.
- Me lo dijo tantas veces que me enfadé.

3. ¿Para qué?

a) Lee este texto con el argumento de la película *Familia,* de Fernando León Aranoa, y responde a esta pregunta: ¿con quién vive Santiago?

FAMILIA

Santiago se levanta como cualquier mañana, es su cumpleaños, su familia al completo lo está esperando en la cocina de su casa, le cantan el cumpleaños feliz cuando aparece por la puerta, lo besan, le hacen regalos, le gastan bromas... Pero, sucede algo. A Santiago no le gusta el regalo que le hace su hijo pequeño; este, para que no se enfade, le dice que le quiere, pero Santiago no le cree, le grita, lo pone en la calle y exige otro hijo mejor, que no lleve gafas y que esté más delgado... y, a ser posible, que se parezca un poquito a él... Aquí pasa algo raro.
Santiago es un maduro solitario que contrata a un grupo de actores para que, por un día, actúen como su familia. A partir de este momento, se suceden una serie de situaciones en las que se entremezclan realidad y ficción.

b) Lee más detenidamente el texto y responde a las siguientes preguntas:

- ¿Para qué le dice a Santiago el hijo menor que le quiere?
- ¿Para qué contrata Santiago a un grupo de actores?

GRAMÁTICA

Oraciones finales

- **Para + infinitivo**
  Se emplea cuando los verbos tienen el mismo sujeto.
  Trabajo para vivir bien.
  Yo   Yo

- **Para que + subjuntivo**
  Se emplea cuando los verbos tienen diferente sujeto.
  Trabajo para que mis hijos vivan bien.
  Yo   Ellos

4. ¿De qué va?

a) Escucha el argumento de tres películas y trata de adivinar cuáles son.

b) Escucha de nuevo. ¿Qué tiempo verbal se emplea para contar el argumento de una película?

c) Piensa en una película bastante famosa y escribe su argumento sin mencionar el título. Lee el texto en voz alta para que tus compañeros adivinen de qué película se trata.

1. Cuando entre Raúl, te pones a cantar

a) Clara es la directora de un corto. Fíjate en cómo da instrucciones a los actores.

> Mónica, tú estás sentada cosiendo. Cuando entre Raúl, te pones a cantar.

> Tú, Raúl, entras y le dices que tienes que darle una mala noticia. Y tú, Mónica, te pones de pie.

> Entonces, los dos os miráis, os ponéis muy tristes y empezáis a llorar hasta que entre Lola.

b) Ordena las siguientes acciones tal como indican las palabras de Clara.

- ☐ Mónica se pone de pie
- ☐ Entra Lola
- ☐ Mónica y Raúl empiezan a llorar
- ☐ Entra Raúl
- ☐ Raúl le dice que le tiene que dar una mala noticia
- ☐ Mónica y Raúl se miran
- ☐ Mónica se pone a cantar
- ☐ Mónica y Raúl se ponen tristes
- ☐1☐ Mónica está sentada cosiendo

c) En grupos de cuatro. Cada uno adoptáis un papel de los anteriores (Clara, Mónica, Raúl y Lola). Clara empieza dando instrucciones y los otros tres representáis la escena.

Después, entre los cuatro, cambiad las instrucciones del director conservando el mismo esquema.

Mónica, cuando Raúl te pida que te cases con él, le dices que no puede ser.
Y tú, Raúl...

GRAMÁTICA

Verbo *ponerse*

***Ponerse a* + infinitivo** significa empezar a hacer algo.
   Se puso a llorar/cantar/gritar...

***Ponerse* + adjetivo** implica un cambio de estado de ánimo.
   Se puso triste/contento/nervioso.

***Ponerse* + posición o situación** implica un cambio de posición o de lugar.
   Ponte de pie/de espaldas/de rodillas...
   Ponte aquí/a mi lado/detrás de...

***Ponerse* + prenda de ropa**
   Se puso el sombrero y se fue.

RECUERDA

Oraciones temporales referidas al futuro

Cuando
En cuanto
Hasta que   +   presente de subjuntivo, futuro
Antes de que
Después de que

2. Luces, cámara... ¡Acción!

a) Aquí tienes el guión de dos escenas imaginarias de una película (los protagonistas son los mismos que los de la actividad anterior). En parejas, leed el texto y contestad a las siguientes preguntas:

- ¿Cuántos años tienen los protagonistas?
- ¿Qué relación les une?

- ¿Qué creéis que ha pasado?, ¿por qué se comportan así?
- ¿Qué le regalan Raúl y Mónica a Lola?

Es el cumpleaños de Lola. Lola está sentada en un sillón leyendo. Por detrás de ella se acercan Mónica y Raúl. Entre los dos llevan un gran regalo, se acercan muy silenciosamente a Lola y, cuando están a su lado, le dicen los dos a la vez:

    Mónica y Raúl: ¡Felicidades!

Lola pone cara de susto y después sonríe.

    Lola: Gracias.

    Mónica: Toma, Lola. Esto es para ti. Esperamos que te guste y que sirva para olvidar todo lo que ha pasado.

Lola se pone de pie.

    Lola: A ver qué es...

Abre muy deprisa el regalo y pone cara de sorpresa y alegría.

    Lola: ¡Qué bien! Pero si es justo lo que quería..., ¿cómo lo sabíais?

    Raúl: No lo sabíamos... Ha sido por casualidad. Lo vimos y pensamos que te gustaría.

    Lola: ¡No me digas! Pues tampoco es un regalo muy normal... Y os ha tenido que costar mucho trabajo encontrarlo, ¿no?

Mirando dulcemente a los ojos de Lola.

    Raúl: Tú te lo mereces todo.

b) Como has visto en el texto anterior, en un guión aparecen los diálogos pero también indicaciones de los movimientos, caras y formas de hablar de los actores. Léelo de nuevo y fíjate en esas indicaciones. ¿Entiendes el significado de todas?

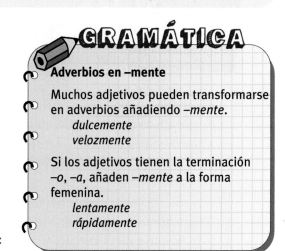

GRAMÁTICA

Adverbios en –mente

Muchos adjetivos pueden transformarse en adverbios añadiendo –*mente*.
    dulcemente
    velozmente

Si los adjetivos tienen la terminación –*o*, –*a*, añaden –*mente* a la forma femenina.
    lentamente
    rápidamente

c) Busca entre esas expresiones las equivalentes a los siguientes adverbios:

- simultáneamente
- casualmente
- rápidamente

d) Escribe los adverbios relacionados con los siguientes adjetivos:

- sospechoso ➡ *sospechosamente*
- cruel
- extraordinaria

- educado
- amable
- triste

e) En grupos de cuatro, inventad el final de la escena y escribid el guión.

f) Repartid los papeles y ensayad la escena que habéis escrito para representarla. El director será el único que podrá leer el texto, para coordinar las acciones de todos y recordar las palabras de alguien si las olvida.

Calle 54

1. Lee este texto en el que Fernando Trueba, el director de *Calle 54*, nos habla del rodaje de la película, y marca dentro de cuál de estos géneros la incluirías.

☐ drama   ☐ comedia   ☐ documental   ☐ fantástico

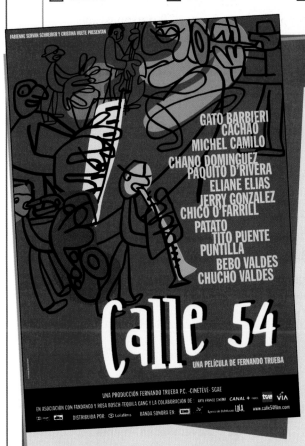

Calle 54,
pasión por el *jazz* latino

En diciembre de 1999, con un equipo de rodaje compuesto por tres personas (un cámara, un ingeniero de sonido y yo mismo, el director) nos dirigimos a Estocolmo para comenzar mi décima película y una de las experiencias más inusuales y placenteras de mi vida.

En un modesto piso de Haninge en la capital sueca, nos reunimos con Bebo Valdés, una leyenda viva, y durante muchos años olvidada, de la música cubana. Así comenzó la aventura de *Calle 54*, que por entonces solo tenía el genérico título de *Latino Jazz*.

Durante tres días, Bebo, con una gran memoria, nos contó la historia de su vida, la de la música cubana y la del *jazz* afrocubano. Nos recibió con calor (¡y eso que estábamos a 18 grados bajo cero!) y nos fuimos de allí enamorados del ser humano. De su música ya lo estábamos. La cosa no podía haber empezado mejor.

Tras pasar las navidades en casa, volamos a La Habana para encontrarnos con el hijo de Bebo, Chucho Valdés, el gran señor de la música cubana de hoy y uno de los *jazzmen* más respetados del mundo entero. Los recuerdos se repitieron entre improvisaciones al piano y paseos por el malecón y La Habana Vieja. En Tropicana, Chucho recordó cuando entró por primera vez en ese templo histórico de la música cubana de la mano de su padre, entonces director musical del famoso cabaré.

Nuestra siguiente parada fue en Puerto Rico. Allí quedamos con Jerry González, un *nuyorican* (puertorriqueño nacido en Nueva York). Jerry parecía feliz. Nunca lo olvidaré tocando *Round midnight* para nosotros en el Parque de las Palomas, bajo la lluvia.

Y por fin llegamos a Nueva York. La ciudad estaba nevada y bajo la ola de frío más dura de la última década, agravada por un viento que cortaba la piel. Allí fuimos al Tito's Puente Restaurant, donde Tito nos habló de su vida y nos enseñó orgulloso los murales dedicados a los grandes de la música latina; acompañamos a Chico O'Farrill al club donde cada domingo actúa con su banda; seguimos a Michel Camilo desde su casa hasta los locales de ensayo de Manhattan; Paquito D'Rivera nos enseñó su primer saxo, que su padre hizo fabricar para él cuando solo tenía tres años; paseamos por Central Park con Gato Barbieri, hablando de los setenta, cuando el cine y la música estaban tan unidos; visitamos a Eliane Elías para hablar del *jazz* y Brasil, y, por fin, Andy González nos llevó al Bronx.

De vuelta a España, aún quedaba una visita. Chano Domínguez nos recibió en su casa del Puerto de Santa María para hablarnos de cómo la música ha viajado de ida y vuelta de un continente a otro, mezclando ritmos y estilos.

Después de este viaje nos quedaba lo más importante: la música. En marzo nos instalamos en la calle 54, en Manhattan. El equipo había aumentado un poco. Ahora éramos 70 personas, seis cámaras de panavisión de 35 mm y la más sofisticada tecnología para grabar sonido en vivo. Y cada día, uno de nuestros músicos llegaba al frente de su banda, y la magia de la música nos envolvía a todos. Un equipo de españoles, franceses, norteamericanos, cubanos, rusos, senegaleses, etc., se olvidó por completo de sus nacionalidades respectivas ante el embrujo de una música en la que la palabra raíces no quiere decir fronteras, en la que el mestizaje es el valor supremo. Quizá esta sea la más hermosa lección que pueda extraerse de esta música después de haberla saboreado con el corazón y con los sentidos.

TRUEBA: "Trueba. Pasión por el jazz latino", *El País semanal* (adaptación)

2. Lee más despacio el texto y contesta a estas preguntas:

• ¿En qué lugares se rodó *Calle 54*?
• ¿Cuánto duró el rodaje antes de empezar a grabar la música?
• ¿Quiénes son los protagonistas de la película?
• Después del rodaje, ¿qué es lo más importante de esta música, según Fernando Trueba?

3. Haz una lista de palabras que aparecen en el texto relacionadas con el cine, por un lado, y de palabras relacionadas con la música, por otro.

¡JUEGA CON EL ESPAÑOL!

P E L Í C U L A S

• Cada uno de vosotros piensa en tres películas muy famosas y escribe los títulos en tarjetas.

Los reyes del mambo

Casablanca

Como agua para chocolate

• Formad dos equipos y mezclad las tarjetas. Por turnos, un miembro de cada equipo coge una tarjeta del equipo contrario, sale a la pizarra y dibuja o representa con gestos el título de la película que tiene en la tarjeta. Si su equipo la adivina, gana un punto. Si no, el punto es para el equipo contrario. El tiempo máximo es de dos minutos.

1. Este es el argumento de *La estrategia del caracol*, del director colombiano Sergio Cabrera. Léelo y responde a estas preguntas:

- ¿Dónde se desarrolla la acción fundamentalmente?
- ¿Quién es el protagonista?
- ¿A qué genero de cine pertenece?

LA ESTRATEGIA DEL CARACOL

El propietario de la Casa Uribe quiere echar a los inquilinos que viven en ese palacete de Bogotá, a pesar de que algunos llevan décadas viviendo allí. Forman una comunidad de vecinos muy particular y están muy unidos. Gracias a que uno de ellos es abogado y conoce bien las leyes, el desalojo se pospone una y otra vez.

Cuando todos los plazos y los recursos vencen y el desenlace parece inevitable, otro de los vecinos, el viejo republicano español Jacinto, encuentra la solución. Es lo que él denomina "la estrategia del caracol": llevarse la casa a cuestas. La propuesta, al principio, les parece extraña y poco posible, pero después es aceptada por todos los habitantes de la casa y deciden realizarla.

Cine **MUSSY**
PRESENTA

La Estrategia Del Caracol

2. En grupos de cinco, vais a escribir el argumento de una película o de un corto con cuatro personajes. Pensad en todos los elementos necesarios:

- ¿Es un drama, una comedia, un musical...?
- ¿Cómo son los personajes?, ¿qué relación les une?
- ¿Dónde y cuándo se desarrolla la acción?
- ¿Tiene un final feliz?

Si no os encontráis muy inspirados, podéis basaros en alguna película que conozcáis o trabajar con *La estrategia del caracol*.

3. Elegid una escena y escribid el guión con los diálogos de los cuatro personajes y todas las indicaciones necesarias para los actores.

4. Ensayad la escena entre los cinco: una persona la dirige y el resto son personajes. Si queréis, podéis representarlo ante vuestros compañeros.

Repaso III

PREGUNTAS Y RESPUESTAS

Preparación

- En grupos de cuatro, preparad doce tarjetas para revisar los contenidos de las unidades 9 a 12 (pronunciación, vocabulario, gramática y comunicación).

  Cada grupo coloca su bloque de tarjetas en un lugar distinto de la clase.

¡A jugar!

- A la señal del profesor, os levantáis de vuestro sitio y vais a buscar una tarjeta de otro grupo.

- Cada uno le hace la pregunta de la tarjeta que tiene en la mano a un compañero y responde a la suya. Después, os intercambiáis las tarjetas.

- Con la nueva tarjeta, cada uno pregunta a un nuevo compañero, y así sucesivamente hasta que el profesor os dé la señal para volveros a reunir con vuestros compañeros de equipo.

- En cada grupo, comentáis las respuestas a las tarjetas que tenéis en la mano.

- Por turnos, cada grupo lee una tarjeta y dice la respuesta en voz alta.

- Si es correcta, os anotáis un punto.

Reglas

- En cada grupo se debe tratar de decidir cuál es la respuesta correcta de cada tarjeta. Si no os ponéis de acuerdo, podéis acudir al profesor.

- Si un grupo corrige a otro porque no ha dado la respuesta correcta, se anota un punto.

1. Creo que se trata de...

a) Escucha a varias personas hablando sobre algunos países y anota de cuáles crees que se trata.

	País	Tópico mencionado
1.		
2.		
3.		

b) Escucha de nuevo y anota los tópicos que se han mencionado.

c) ¿Estás a favor o en contra de los tópicos? Siéntate con las personas de clase que tienen tu misma opinión y anotad argumentos para defender vuestra postura (pensad en los argumentos que puede dar el otro grupo para contraargumentar).

d) Haced un debate con el otro equipo. El profesor será el moderador.

2. Cambios de vida

¿Recuerdas los cambios que se pueden producir en la vida de una persona? Relaciona un elemento de cada columna.

a.	trasladarse		1.	sin trabajo
b.	cambiarse		2.	de empresa
c.	volverse		3.	un negocio
d.	quedarse		4.	al extranjero
e.	montar		5.	muy egoísta

3. Test de conocimientos

En parejas. ¿Sabéis o recordáis la respuesta a las siguientes preguntas?

1. ¿En qué año se convirtió el euro en la moneda oficial de España?
a) en 2000   **b)** en 2001   **c)** en 2002   **d)** en 2003

2. ¿Cuántos habitantes tiene España?
a) unos 40 millones   **b)** cerca de 20 millones   **c)** alrededor de 50 millones   **d)** casi 30 millones

3. ¿Quién es el director de *Calle 54*?
a) Alejandro Amenábar   **b)** Pedro Almodóvar   **c)** Fernando León   **d)** Fernando Trueba

4. ¿En qué comunidad española nació el flamenco?
a) en Andalucía   **b)** en Galicia   **c)** en Valencia   **d)** en Madrid

5. ¿Cuál de estos platos es típico de Galicia?
a) el gazpacho   **b)** el pulpo   **c)** la paella   **d)** el pisto

6. ¿Dónde está el Museo Guggenheim?
a) en Madrid   **b)** en Barcelona   **c)** en Bilbao   **d)** en Valencia

7. ¿Quién ganó el Premio Nobel de Literatura en 1990?
a) Gabriel García Márquez   **b)** Octavio Paz   **c)** Gabriela Mistral   **d)** Pablo Neruda

8. ¿Dónde está Cataluña?
a) en el NE de España   **b)** en el SE de España   **c)** en el centro de España   **d)** al oeste de Aragón

4. De cine

Piensa las dos últimas películas que has visto y completa las siguientes fichas.

¿Cómo se titula?

¿Quién es el director?

¿Quién la protagoniza?

¿Dónde y cuándo se desarrolla la acción?

¿A qué género pertenece?

¿De qué nacionalidad es?

¿De qué año es?

¿De qué trata?

5. Silencio, se rueda

En grupos de tres (A, B y C). Vais a representar una secuencia de un rodaje. Antes, cada uno leéis el esquema de vuestro guión (solo el vuestro), pensáis en un final y en cómo les vais a dar las instrucciones a vuestros compañeros para representarla. Primero, A es el director y da indicaciones a B y C para que representen la escena A. Después, B y C repiten el proceso con sus escenas.

A

B está regando las plantas. C entra en la habitación y B deja de regar las plantas.

C: *Ven conmigo.*
B: *¿Para qué?*
C: *Para que...*

(inventa un final)

B

A y C están sentados viendo la tele. C se levanta y A le pide algo.

A: *¿Me traes ...., por favor?*

(inventa un final)

C

B y A van en una moto. B para la moto y A se baja.

B: *Me voy a ...., espérame en ....*

(inventa un final)

Cultura, culturas

Nuestras costumbres, nuestra historia, nuestros famosos, nuestro cine

En pequeños grupos. Vais a confeccionar un reportaje sobre un país donde se habla español. En él tenéis que ofrecer la siguiente información:

1. **Cultura del país:**

   - Gastronomía
   - Arquitectura y monumentos
   - Música y fiestas

2. **Historia reciente:**

   - ¿Se ha producido algún cambio importante en su historia reciente?
   - ¿Cómo ha afectado el cambio a la gente (forma de ser y hábitos) o/y a la organización del país?

3. **Personas sobresalientes:**

   - Haz una lista de personas sobresalientes en diferentes campos de la actualiad y la cultura del país.
   - ¿Por qué son famosas estas personas?, ¿cuál es su obra más conocida?, ¿han recibido algún premio?

4. **El mundo del cine:**

   - ¿Es importante el cine en el país?
   - ¿Qué tipo de cine prefiere la gente?

¿Cómo podéis obtener esta información?

- Si estudiáis español en un país donde se habla español, buscad la información en la calle (hablad con la gente, preguntad a vuestro profesor, consultad los medios de comunicación...).

- Si no estudiáis español en un país donde se habla español, vuestro profesor os dará información sobre algunos países. También podéis buscar información en Internet (visitando páginas o *chateando* con gente del país elegido) o en otros medios.

Hablar de habilidades

- Sé hablar inglés, ruso y japonés.
- Se me da muy bien/regular/mal/... la gramática.
- Me cuesta mucho/bastante/ un poco/... entender lo que oigo.
- Me resulta fácil/difícil/... aprender vocabulario.
- Tengo facilidad para los idiomas.

Pedir permiso

▶ ¿Te importa que abra la ventana?
▶ Claro que no.

▶ ¿Te importa que use tu bolígrafo?
▶ Es que solo tengo este.

▶ ¿Te importa que ponga la tele?
▶ Ponla, ponla.

Dar consejos y hacer recomendaciones

- Procura/Intenta descansar.
- Lo que tienes que hacer es descansar.
- Te aconsejo/recomiendo/sugiero que descanses.
- Es mejor que/Lo mejor es que descanses.
- No merece la pena que te preocupes tanto.

Hablar de las cualidades de las personas

Es una persona...

puntual
extrovertida
dinámica
paciente
disciplinada
organizada
honesta
experta en...

Hacer valoraciones

- Lo que más/menos me gusta de mi trabajo es el horario.
- Lo peor/mejor de mi trabajo es la independencia.

Hablar del carácter

- Es muy simpático.
- Tiene pinta de simpática.
- Parece simpática.

Expresar sentimientos que nos producen las acciones de otros

- Me encanta que me hagan reír.
- Me gusta que la gente sea amable.
- Me molesta que lleguen tarde.
- Me saca de quicio que la gente solo piense en sí misma.
- No soporto que me mientan.

Ubicar acontecimientos en el espacio y en el tiempo

- La fiesta es a las ocho.
- La conferencia es en el Aula Magna.

Valorar acontecimientos

- La presentación ha estado (muy) bien/(muy) mal/regular.
- El viaje fue un poco aburrido/demasiado largo.

▶ ¿Qué tal la película?
▶ Me ha gustado mucho.
▶ Me ha parecido un poco larga.
▶ Me ha decepcionado.
▶ No ha sido tan aburrida como esperaba.

Dar instrucciones

- Túmbate boca abajo en el suelo y levanta las piernas.
- Siéntate en el suelo, separa las piernas y pon las manos en las caderas.

Dar consejos a terceras personas

- Que vaya al médico.
- Que se ponga barro en la picadura.
- Que guarde reposo.
- Que no coma nada.

Para comunicarte

Hacer predicciones

- Creo que seguiré viviendo en la misma ciudad.
- Supongo que tendré más amigos.
- Me imagino que iré de vacaciones a mi pueblo.
- Seguramente no cambiaré de coche.
- Seguro que cambio de puesto de trabajo.
- Probablemente viviré en el campo.

Expresar deseos

- Espero vivir en el campo.
- ¡Ojalá viva en el campo!

- Espero que me suban el sueldo.
- ¡Ojalá me suban el sueldo!

Expresar desconocimiento sobre el futuro

No sé
- si aprenderé otras lenguas.
- cuándo cambiaré de trabajo.
- cómo será mi vida.
- dónde viviré.
- cuánto tiempo estudiaré español.
- qué/lo que haré cuando vuelva a mi país.

Expresar hechos posibles en el futuro

- Si seguimos investigando, encontraremos una vacuna contra el sida.
- Si no dejamos de contaminar, desaparecerá por completo la capa de ozono.

Ofrecer ayuda

- ¿Quieres que te ayude a archivar...?
- ¿Te ayudo/echo una mano con...?

- ¿Quieres que vaya al banco?
- ¿Voy al banco?

Encargarse de hacer algo

- Yo me encargo de (hacer) los informes.
- Yo me ocupo de (hacer) los informes.
- Yo hago los informes.

Reaccionar aceptando o rechazando la ayuda

- No hace falta, gracias.
- Sí, por favor./Sí, gracias.

Hablar de habilidades

- Se me daba bien/mal/regular la Historia.
- Era bueno en Matemáticas.
- Tenía facilidad para los idiomas.

Expresar obligación, permiso y prohibición

- Es obligatorio/Nos obligan a/Nos hacen llevar uniforme.
- Está permitido/Nos dejan/Podemos/ Nos permiten estar en la biblioteca durante el recreo.
- Está prohibido/Nos prohíben/No podemos/ No nos dejan llegar tarde.

Hacer juicios y valoraciones

- Me parece exagerado que castiguen a un niño por no llevar uniforme.
- Creo que está muy bien que niños y niñas estudien juntos.

Expresar duración

- El público ha estado aplaudiendo diez minutos.
- La ministra ha estado reunida toda la mañana.
- La manifestación ha durado tres horas.

Situar geográficamente un lugar

- Cataluña está en el nordeste de España.
- Cataluña está al este de Aragón.

Referirse a algo mencionado antes

- Lo de las tapas es exagerado.
- Lo de que en España se come paella todos los domingos es un tópico.
- Eso del tango no es verdad.
- Eso de que todos los argentinos saben bailar el tango no es cierto.

Expresar deseos y preferencias

- Me gustaría ir a... porque he oído/ leído que...
- Yo preferiría viajar a... porque dicen que...
- Me encantaría conocer... porque...
- Tengo ganas de ir a... porque...
- Me apetece conocer... porque...

Dar una información expresada por otros sin asumir responsabilidad

- Se dice que... /Se suele decir que...
- Dicen que...
- Como se suele decir...
- Un amigo mío dice que...

Hacer elogios

- ¡Qué pantalón tan bonito!
- Te favorece mucho ese corte de pelo.
- Te queda/sienta muy bien.
- Estás muy guapo/a.

Identificar a una persona en un grupo

- El de los ojos verdes.
- El de verde.
- Los de la derecha.
- La que está hablando.

Hábitos que desaparecen

- He dejado de hacer deporte.
- Ya no hago deporte.

Hábitos que continúan

- Sigo saliendo al campo los fines de semana.
- Todavía salgo al campo.

Expresar intenciones

- Este año me cambio de trabajo.
- Pienso apuntarme a un gimnasio.
- Me he propuesto dejar de fumar.
- He decidido colaborar con una ONG.

Situar acontecimientos en el tiempo

- La creación del MERCOSUR fue/ tuvo lugar en 1994.
- Los Juegos Olímpicos de Barcelona tuvieron lugar/fueron en 1992.

Reaccionar ante una información

▶ El euro entró en vigor en 2001.
▶ Sí, ya lo sabía.
▶ Es verdad, no me acordaba./
   Ah, sí, lo había olvidado.
▶ Creía/Pensaba que había sido en 1999.
▶ No lo sabía./No tenía ni idea.

Hacer referencia a una información previa

• Estoy de acuerdo con lo de que los test de inteligencia son inútiles, porque...

Hacer conjeturas sobrela edad de alguien

• Tendrá 40 años.
• Tiene unos 30 años.
• Tiene cincuenta y tantos años.

Comunicar una noticia y reaccionar

Comunicar una noticia

¿Te has enterado de que...?
¿Sabes/Sabías que...?

Reaccionar expresando conocimiento o desconocimiento

No, no lo sabía./No tenía ni idea.
Sí, lo he leído en el periódico.
Sí, lo oí el otro día en la radio/en la tele.

Reaccionar expresando un sentimiento

• Sorpresa
      ¡No me digas!/¡Anda!
• Incredulidad
      ¿De verdad?/¿En serio?/¿Sí?/No me lo puedo creer.
• Alegría:
      ¡Qué bien!/¡Qué alegría!/Me alegro./¡Por fin!/¡Menos mal!
• Pena:
      ¡Qué pena!
• Enfado:
      ¡Qué rabia!

Expresar una consecuencia

• Llegué muy cansada, por eso no fuimos.
• Esta tarde voy al gimnasio, así que no me esperes.
• Es tan simpática que todo el mundo quiere estar con ella.
• Gritó tanto que se quedó afónico.
• Me lo dijo tantas veces que me enfadé.

Gramática

1 Demasiado/mucho-muy/bastante/poco

Pueden combinarse con:

- **Nombres** (y entonces son variables en género y número).

    He aprendido muchas palabras nuevas.
    He leído muchos libros este año.

- **Adjetivos y adverbios*** (y entonces son invariables).

    Entender las películas en español
    es bastante difícil.
    Los verbos me parecen bastante difíciles.
    Algunos españoles hablan demasiado deprisa.

- **Verbos** (y entonces son invariables).

    Me gusta mucho el español.
    Me gustan mucho los españoles.

* Con adjetivos y adverbios, la forma *mucho* se transforma en *muy*:

    Es muy divertido aprender canciones en clase.
    Aprende muy deprisa.

2 Posesivos

mi/mis
tu/tus
su/sus   + sustantivo
nuestro/nuestra/nuestros/nuestras
vuestro/vuestra/vuestros/vuestras
su/sus

   Este es mi coche.

mío/mía/míos/mías
tuyo/tuya/tuyos/tuyas
suyo/suya/suyos/suyas
nuestro/nuestra/nuestros/nuestras
vuestro/vuestra/vuestros/vuestras
suyo/suya/suyos/suyas

- ▶ *¿Este es el coche de Ana?*
- ▶ *No, el suyo es verde.*

- ▶ *¿De quién son estos perros?*
- ▶ *Míos.*

3 El pretérito perfecto de indicativo

(yo)	**he**	
(tú)	**has**	
(él, ella, usted)	**ha**	+ participio
(nosotros, nosotras)	**hemos**	
(vosotros, vosotras)	**habéis**	
(ellos, ellas, ustedes)	**han**	

USOS

1. Acciones pasadas:

El pretérito perfecto se utiliza para hablar de acciones realizadas en un tiempo del pasado relacionado con el presente.

- *Hoy* o cualquier momento de hoy (*hace un rato, hace dos horas*, etc.)

    Hoy he visto a Lola.
    Hemos hablado con Jaime hace dos horas.

- *Esta semana/este mes/este año/estas navidades...*
    Este mes he estado en París.

- Acciones con consecuencias en el presente (normalmente no se especifica el momento en que se han realizado las acciones porque lo relevante es el resultado)

    Te has cortado el pelo... Te queda muy bien.

2. Valoración de acontecimientos pasados:

El pretérito perfecto se usa para valorar acontecimientos sucedidos en un momento del pasado relacionado con el presente.

- ▶ *¿Qué tal la conferencia?*
- ▶ *Ha sido muy interesante.*

3. Experiencias pasadas:

El pretérito perfecto se utiliza para hablar de experiencias sin especificar el momento de su realización.

    Es muy buen director, ha ganado un montón de premios.

- ▶ *¿Has estado alguna vez en Latinoamérica?*
- ▶ *Sí, varias veces. He estado dos veces en Chile y una en Argentina.*

4 El pretérito indefinido

VERBOS REGULARES

	TRABAJAR	COMER	VIVIR
(yo)	trabaj**é**	com**í**	viv**í**
(tú)	trabaj**aste**	com**iste**	viv**iste**
(él, ella, usted)	trabaj**ó**	com**ió**	viv**ió**
(nosotros, nosotras)	trabaj**amos**	com**imos**	viv**imos**
(vosotros, vosotras)	trabaj**asteis**	com**isteis**	viv**isteis**
(ellos, ellas, ustedes)	trabaj**aron**	com**ieron**	viv**ieron**

USOS

1. **Acciones pasadas:**

   El pretérito indefinido se utiliza para hablar de acciones realizadas en un tiempo del pasado no relacionado con el presente. Se suele emplear con marcadores temporales que excluyen el presente, como *ayer, el otro día, la semana pasada, hace un mes...*

   > *Ayer estuve con Claudia.*

   También se utiliza para expresar la duración de un acontecimiento pasado.

   > *El concierto duró tres horas.*

2. **Valoración de acontecimientos pasados:**

   El pretérito indefinido se usa para valorar acontecimientos sucedidos en un momento del pasado no relacionado con el presente.

   > ▶ *¿Qué tal la fiesta del otro día?*
   > ▶ *Estuvo muy bien./Fue muy divertida.*

5 Llevar + gerundio

Usamos esta perífrasis para expresar el tiempo que dura una acción que empezó en el pasado y está en transcurso.

Esta perífrasis en pasado siempre va en pretérito imperfecto, puesto que habla de una acción en progreso y no de una acción terminada.

> *Cuando me llamaste llevaba tres horas esperándote.*

Generalmente, el orden es: *llevar* + período de tiempo + gerundio, aunque también se puede colocar el período de tiempo después del gerundio o al final de la frase.

> *Llevo dos meses trabajando en esta empresa.*
> *Llevo trabajando dos meses en esta empresa.*
> *Llevo trabajando en esta empresa dos meses.*

6 Pronombres recíprocos

> **nos**
> **os**
> **se**

Se emplean para expresar que la acción la realizan y la reciben dos o más personas.

> *Nos dimos la mano.*
> *Todos se saludaron al llegar.*

7 El presente de subjuntivo

VERBOS REGULARES

	TRABAJAR	COMER	VIVIR
(yo)	trabaje	coma	viva
(tú)	trabajes	comas	vivas
(él, ella, usted)	trabaje	coma	viva
(nosotros, nosotras)	trabajemos	comamos	vivamos
(vosotros, vosotras)	trabajéis	comáis	viváis
(ellos, ellas, ustedes)	trabajen	coman	vivan

USOS

1. **En oraciones sustantivas:**   verbo 1 + *que* + verbo 2

   El verbo 2 va en subjuntivo cuando el verbo 1 expresa:
   a) Sentimientos:
      Me gusta que seas sincero.
      Me pone nervioso que se comporte así.
   b) Juicios o valoraciones:
      Es importante que lo hagas bien.
      No está bien que digáis eso.
   c) Duda o incredulidad:
      No creo que venga.
      Dudo que llegue pronto.
   d) Intención de influir (órdenes, consejos, peticiones...):
      Te pido que hables con ella y se lo digas.
      Te aconsejo que no escribas esa carta.
   e) Deseos:
      Quiero que mi hijo sea feliz.
      Espero que mis padres no se enfaden.
   f) Posibilidad o probabilidad:
      Puede que hoy no venga a clase, ayer no se encontraba bien.
      Es probable que Rafa salga más tarde del colegio porque tiene un examen.

2. **En oraciones temporales referidas al futuro:**

   verbo 1 + cuando* + verbo 2
      Te llamaré cuando llegue a casa.
   * También se emplean otros conectores temporales como en cuanto/antes de que/después de que/hasta que.

3. **Con *ojalá*:**
      Ojalá apruebe el examen.

4. **Con *para que*:**
      Te he preparado un vaso de leche caliente para que te relajes.

5. **Dar y transmitir órdenes, peticiones, consejos... a terceras personas:**
      Dile que me llame, por favor.
      Que vaya al médico cuanto antes.

8 Oraciones sustantivas

Las oraciones sustantivas pueden llevar el verbo en infinitivo o en subjuntivo*.
   No soporto llegar tarde a una cita.
   No soporto que mis amigos lleguen tarde a una cita.

Ver ficha Presente de subjuntivo (n.º 7).

10 Comparaciones (I)

**más.../menos... de lo que
tan/tanto... como**
   Ha sido más interesante de lo que pensaba.
   Me ha gustado menos de lo que esperaba.
   Ha estado mejor de lo que esperaba.
   No ha sido tan aburrido como pensaba.
   No me ha gustado tanto como esperaba.

Tan/Tanto
Con adjetivos y adverbios usamos *tan*, con verbos usamos *tanto*.

9 El pretérito imperfecto

VERBOS REGULARES

	TRABAJAR	COMER	VIVIR
(yo)	trabajaba	comía	vivía
(tú)	trabajabas	comías	vivías
(él, ella, usted)	trabajaba	comía	vivía
(nosotros, nosotras)	trabajábamos	comíamos	vivíamos
(vosotros, vosotras)	trabajabais	comíais	vivíais
(ellos, ellas, ustedes)	trabajaban	comían	vivían

USOS

1. **Describir en pasado:**
      La casa estaba vacía, no había nadie.
      De joven era muy guapo.

2. **Hablar de acciones habituales en el pasado:**
      Antes iba todas las semanas al campo.
      De joven solía ir mucho al cine.

3. **Acciones en progreso:**
      Ver ficha Estar + gerundio (II) (n.º 12).

11 Estar + gerundio (I)

USOS

1. **Hablar de acciones en progreso** (no terminadas en un momento determinado):
   - ► ¿Qué haces?
   - ► Estoy estudiando.
2. **Hablar de acciones que se han convertido en habituales recientemente:**
   - *Últimamente estoy haciendo mucho ejercicio.*
3. **Hablar de acciones que duran:**
   - *Ayer estuve hablando con Maite.*
   - *He estado toda la tarde oyendo música.*

12 Estar + gerundio (II)

1. **Estaba + gerundio, indefinido o pretérito perfecto:**
   La acción en indefinido o en pretérito perfecto interrumpe o sucede en el transcurso de la acción de estaba + gerundio.
   - *Estaba bailando y apareció él.*
   - *Esta mañana estaba haciendo la comida y ha sonado el teléfono.*

2. **Estuve + gerundio/He estado + gerundio:**
   Expresa acciones que duran terminadas en un momento del pasado (la duración puede aparecer especificada o no).
   - *He estado toda la tarde paseando.*
   - *El otro día estuve charlando con Mónica.*

Gramática

Unidades 5 a 8

13 Desde/desde hace

Para referirse al momento en el que empezó algo podemos usar estas estructuras:

Desde + momento determinado
   Estudio español desde 1999.

Desde hace + período de tiempo
   Estudio español desde hace dos años.

14 El futuro simple

VERBOS REGULARES

	TRABAJAR	COMER	VIVIR
(yo)	trabajaré	comeré	viviré
(tú)	trabajarás	comerás	vivirás
(él, ella, usted)	trabajará	comerá	vivirá
(nosotros, nosotras)	trabajaremos	comeremos	viviremos
(vosotros, vosotras)	trabajaréis	comeréis	viviréis
(ellos, ellas, ustedes)	trabajarán	comerán	vivirán

USOS

1. **Hacer predicciones:**
   Dentro de tres años estaré casado.
2. **Hacer hipótesis sobre el presente:**
   - ► ¿Dónde está Miguel?
   - ► No sé..., estará en casa.

15 Oraciones temporales referidas al futuro

Cuando
En cuanto
Hasta que   + presente de subjuntivo, futuro
Antes de que
Después de que

   Cuando crezca el césped*, lo cortaremos.

* Generalmente, el sujeto va detrás del verbo.

16 Interrogativas indirectas

	si aprenderé otras lenguas.
	cuándo cambiaré de trabajo.
	cómo será mi vida.
No sé	**dónde** viviré.
	cuánto tiempo estudiaré español.
	qué/lo que haré cuando vuelva a mi país.

17 Oraciones condicionales

Las oraciones que hablan de condiciones que el hablante considera posibles tanto para el presente como para el futuro llevan el verbo en presente de indicativo.

- Condición perteneciente al presente:
  Si + presente de indicativo, presente de indicativo:
    Si haces ejercicio, te sientes mejor.

- Condición perteneciente al futuro:
  Si + presente de indicativo, imperativo/presente de indicativo/futuro:
    Si sales pronto, llámame.
    Si sales pronto, me llamas.
    Si sales pronto, iremos al cine.

18 Ya/todavía no

Ya se utiliza para referirse a acciones que se han realizado en el pasado (vinculadas con el presente).
  Ya he ido al banco, está todo solucionado.

Todavía no se utiliza para referirse a acciones previstas pero que aún no se han realizado.
  Todavía no he hecho los informes, pero los haré esta tarde.

19 El presente de indicativo

VERBOS REGULARES

	TRABAJAR	COMER	VIVIR
(yo)	trabajo	como	vivo
(tú)	trabajas	comes	vives
(él, ella, usted)	trabaja	come	vive
(nosotros, nosotras)	trabajamos	comemos	vivimos
(vosotros, vosotras)	trabajáis	coméis	vivís
(ellos, ellas, ustedes)	trabajan	comen	viven

USOS

1. **Hablar de acciones habituales en el presente:**
    Normalmente me levanto muy temprano.

2. **Describir:**
    Es un piso muy grande y tiene terraza.

3. **Hablar de planes futuros especificando el momento de su realización:**
    El martes voy a Madrid.

4. **Hacer sugerencias y proposiciones:**
    ¿Salimos esta noche?

5. **Dar instrucciones y órdenes:**
    Haces el informe y después me lo mandas.

6. **Encargarse de hacer algo:**
    Yo echo las cartas, no te preocupes.

7. **Ofrecerse para hacer algo:**
    ¿Pongo la mesa?

20 Pronombres CI + CD

Cuando aparecen juntos, el pronombre de complemento indirecto va delante del pronombre de complemento directo:
  *Firmas los documentos y **me los** envías, ¿de acuerdo?*

El pronombre de complemento indirecto *le, les* se transforma en *se* cuando aparece junto a un pronombre de complemento directo.
  Le dices a Ana que... ⇒ ***Se lo** dices.*
  Les das esto, por favor. ⇒ ***Se lo** das.*

Normalmente van delante del verbo excepto con el imperativo, el infinitivo y el gerundio, que van detrás y formando una palabra con el verbo.
  *Dá**selo** a Rita, por favor.*
  ▶ *¿Qué vas a hacer con estos documentos?*
  ▶ *Mandár**selos** a Julia.*

21 Estilo indirecto

Cuando repetimos nuestras palabras o transmitimos las de otras personas se producen algunos cambios:

	ESTILO DIRECTO	ESTILO INDIRECTO
• Afirmaciones	*Tengo hambre.*	⇒ *Dice que tiene hambre.*
• Preguntas de respuesta sí/no	*¿Quieres algo?*	⇒ *Dice que si quieres algo.*
• Preguntas con qué, cómo, dónde...	*¿Qué queréis comer?*	⇒ *Dice que qué queremos comer.*
• Órdenes, consejos, instrucciones... en imperativo	*Habla con tus padres.*	⇒ *Dice que hables con tus padres.*

22 Estar a punto de + infinitivo

Se utiliza para presentar una acción inminente, muy próxima al momento presente.

Los actores están a punto de llegar.

23 Acabar de + infinitivo

Se utiliza para referirse a una acción pasada muy próxima al momento presente.

La policía acaba de detener a los sospechosos.

24 Seguir + gerundio

Se utiliza para hablar de una acción, una característica o un hábito que continúan.

¿Sigues estudiando? Pero si es muy tarde...
Sigue siendo muy egoísta.
Seguimos haciendo mucho deporte.

25 Comparaciones (II)

más de + cantidad
menos de + cantidad

España tiene más de 38 millones de habitantes.
No puede conducir, tiene menos de 18 años.

26 Superlativo relativo

el			
la		**más**	**(del mundo)**
los + (sustantivo) +		+ adjetivo +	
las		**menos**	**(que conozco)**
lo			

La montaña más alta del mundo es el Everest.
El más simpático (de todos los hermanos) es Javier.
Lo más interesante de mi trabajo es conocer tanta gente diferente.

el			
la		**más**	**(sustantivo)**
los + (sustantivo) + **que** +		+	**+ verbo + (de...)**
las		**menos**	**(adverbio)**
lo			

Lo que más me gusta de mi trabajo es el horario.
Los que coman más deprisa, tendrán un premio.
El pueblo que menos habitantes tiene es Medina.

27 Preposición + interrogativo

En las preguntas, la preposición va delante del interrogativo.

¿Hasta cuándo...?
¿Hasta qué año...?
¿Con quién...?
¿Para qué...?
¿Para quién...?
¿De quién...?

28 Alguno/a/os/as – ninguno/a/os/as – algún-ningún

Pueden ser adjetivos o pronombres:
> ► He estado en algunos lugares famosos de Andalucía.
> ► Yo no he estado en ninguno.
> ► ¿Conoces alguna bebida típica de Andalucía?
> ► No, no conozco ninguna.

Alguno y *ninguno* se transforman en *algún* y *ningún* cuando van seguidos de un sustantivo masculino singular.
> ► ¿Conoces a algún personaje famoso de Cataluña?
> ► No, no conozco a ningún personaje famoso de Cataluña.

30 Oraciones impersonales

Cuando se quiere dar una información con un valor general, sin relacionarla directamente con un sujeto (porque no se sabe o porque no es relevante), se pueden emplear estas construcciones:

- **La gente/todo el mundo + verbo en 3.ª persona singular**
  Aquí la gente es muy amable.

- **Verbo en 3.ª persona plural**
  En España comen paella.

- **Se + verbo en 3.ª persona singular/plural**
  En Francia se cocina con mantequilla.
  En España se acuestan tarde.

32 El pretérito perfecto de subjuntivo

(yo)	**haya**	
(tú)	**hayas**	
(él, ella, usted)	**haya**	+ participio
(nosotros, nosotras)	**hayamos**	
(vosotros, vosotras)	**hayáis**	
(ellos, ellas, ustedes)	**hayan**	

USOS:

En oraciones sustantivas (ver ficha Presente de subjuntivo, n.º 7).

No me gusta que hayas dicho eso, no está bien.
No creo que hayan llegado todavía, es muy pronto.

29 Comparaciones (III)

más.../menos... que   tan/tanto... como

- *Más* y *menos* son invariables.
  Es más/menos alta que tú.
  Son más/menos altos que tú.

- *Tanto* es variable. Puede ir acompañado de:
  - nombres:
  tanto/tanta/tantos/tantas + nombre + como
  Tengo tanto tiempo como tú.
  No hay tanta gente como ayer.
  - adjetivos y adverbios:
  tan + adjetivo – adverbio + como
  Es tan alta como su madre.
  Corre tan deprisa como su hermano.
  tanto + como (cuando no se especifica el adjetivo o el adverbio para no repetirlo)
  Es muy alta, pero no tanto como su padre.
  Va muy deprisa, tanto como tú.
  - verbos
  verbo + tanto + como
  Come tanto como tú.

31 Superlativo absoluto

Es una forma de intensificar el significado de un adjetivo.

Si el adjetivo termina en consonante, se añade la terminación –*ísimo*, –*a*, –*os*, –*as*.
difícil ⇒ dificil**ísimo**

Si el adjetivo termina en vocal, esta se sustituye por la terminación –*ísimo*, –*a*, –*os*, –*as*.
grande ⇒ grand**ísimo**

Hay algunos adjetivos que al formar el superlativo sufren pequeños cambios ortográficos.
largo ⇒ lar**gu**ísimo
poco ⇒ po**qu**ísimo
veloz ⇒ velo**c**ísimo

Existen adjetivos que tienen valor superlativo por sí mismos (*precioso, horrible, fantástico, genial...*). Estos adjetivos no pueden formar el superlativo absoluto.

33 Dejar de + infinitivo

Se utiliza para hablar de acciones, costumbres o hábitos abandonados.
Después de aquella discusión dejaron de hablarse.
La gente ha dejado de escribir cartas.
He dejado de hacer deporte.

34 Preposición por

La preposición *por* indica movimiento dentro de un sitio o a través de un sitio.

> *Estuvo paseando por el parque.*

Puede combinarse formando otras expresiones de lugar:

> *El coche pasó por delante/ detrás de la estación.*
> *La carretera nueva pasa por encima/debajo de la antigua.*

También sirve para hablar del lugar aproximado donde está algo o alguien.

> *Las llaves están por aquí, las he visto antes.*

35 El pretérito pluscuamperfecto

había
habías
había
habíamos   + participio
habíais
habían

USO

Hablar de una acción pasada anterior a otra:

> *Cuando llegué, ya te habías ido.*

36 Probabilidad: indicativo/subjuntivo

A lo mejor
Igual
Posiblemente
Probablemente   + indicativo
Tal vez
Quizá/Quizás
Seguramente

Puede que
Es posible que
Es probable que
Posiblemente
Probablemente   + subjuntivo
Tal vez
Quizá/Quizás
Seguramente

37 El futuro compuesto

(yo)	habré
(tú)	habrás
(él, ella, usted)	habrá
(nosotros, nosotras)	habremos	+ participio
(vosotros, vosotras)	habréis
(ellos, ellas, ustedes)	habrán

USOS

1. **Hacer predicciones:**

> *Dentro de tres años me habré casado.*

2. **Hacer hipótesis sobre el pasado reciente:**

> ▶ *¿Dónde está Miguel?*
> ▶ *No sé..., habrá salido tarde del trabajo.*

38 Oraciones finales

Para/para que

Las oraciones finales pueden llevar el verbo en infinitivo o en subjuntivo.

> *Me he comprado este libro para leerlo este verano.*
>   (yo)   (yo)
> *Te he traído este libro para que lo leas.*
>   (yo)   (tú)

39 Verbo ponerse

- Ponerse a + infinitivo = empezar a hacer algo:
  > *Se puso a llorar/cantar/gritar...*

- Ponerse + adjetivo implica un cambio de estado de ánimo:
  > *Se puso triste/contento/nervioso...*

- Ponerse + posición o situación implica un cambio de posición o lugar:
  > *Ponte de pie/de espaldas/de rodillas...*
  > *Ponte aquí/a mi lado/detrás de...*

- Ponerse + prenda de ropa:
  > *Se puso el sombrero y se fue.*

40 Adverbios en –mente

Muchos adjetivos pueden transformarse en adverbios añadiendo –mente.

> *dulcemente*
> *velozmente*

Si los adjetivos tienen la terminación –o, –a, añaden –mente a la forma femenina.

> *lentamente*
> *rápidamente*

1 EL PRESENTE DE INDICATIVO

VERBOS REGULARES

	TRABAJAR	COMER	VIVIR
(yo)	trabaj-**o**	com-**o**	viv-**o**
(tú)	trabaj-**as**	com-**es**	viv-**es**
(el, ella, usted)	trabaj-**a**	com-**e**	viv-**e**
(nosotros, nosotras)	trabaj-**amos**	com-**emos**	viv-**imos**
(vosotros, vosotras)	trabaj-**áis**	com-**éis**	viv-**ís**
(ellos, ellas, ustedes)	trabaj-**an**	com-**en**	viv-**en**

Otros verbos regulares:

ESTUDIAR	LEER	ESCRIBIR
HABLAR	VENDER	RECIBIR

VERBOS IRREGULARES

1. Verbos totalmente irregulares:

	SER	IR	HABER
(yo)	**soy**	**voy**	**he**
(tú)	**eres**	**vas**	**has**
(el, ella, usted)	**es**	**va**	**ha**
(nosotros, nosotras)	**somos**	**vamos**	**hemos**
(vosotros, vosotras)	**sois**	**vais**	**habéis**
(ellos, ellas, ustedes)	**son**	**van**	**han**

2. Primera persona singular (yo) irregular:

SABER	ESTAR	PONER	SALIR	HACER
sé	**estoy**	**pongo**	**salgo**	**hago**
sabes	estás	pones	sales	haces
sabe	está	pone	sale	hace
sabemos	estamos	ponemos	salimos	hacemos
sabéis	estáis	ponéis	salís	hacéis
saben	están	ponen	salen	hacen

- Verbos que terminan en –CER, y –UCIR:
  CONOCER ·····⟩ (yo) conozco
  CONDUCIR ·····⟩ (yo) conduzco
- Cambio ortográfico:
  ELEGIR ·····⟩ (yo) elijo

3. a) Cambio de vocal en la raíz en las tres primeras personas del singular y en la tercera del plural:

	e ···⟩ ie (cerrar)	o ···⟩ ue (volver)	e ···⟩ i (pedir)	u ···⟩ ue (jugar)
(yo)	c**ie**rrro	v**ue**lvo	p**i**do	j**ue**go
(tú)	c**ie**rras	v**ue**lves	p**i**des	j**ue**gas
(el, ella, usted)	c**ie**rra	v**ue**lve	p**i**de	j**ue**ga
(nosotros, nosotras)	cerramos	volvemos	pedimos	jugamos
(vosotros, vosotras)	cerráis	volvéis	pedís	jugáis
(ellos, ellas, ustedes)	c**ie**rran	v**ue**lven	p**i**den	j**ue**gan

b) Adición de –*y* en las tres primeras personas del singular y en la tercera del plural de los verbos terminados en –*uir*:

	+ **y** (huir)
(yo)	hu**yo**
(tú)	hu**yes**
(el, ella, usted)	hu**ye**
(nosotros, nosotras)	huimos
(vosotros, vosotras)	huis
(ellos, ellas, ustedes)	hu**yen**

4. Irregularidad 2 + irregularidad 3:

	TENER	VENIR	DECIR	OÍR
(yo)	**tengo**	**vengo**	**digo**	**oigo**
(tú)	t**ie**nes	v**ie**nes	d**i**ces	o**yes**
(el, ella, usted)	t**ie**ne	v**ie**ne	d**i**ce	o**ye**
(nosotros, nosotras)	tenemos	venimos	decimos	oímos
(vosotros, vosotras)	tenéis	venís	decís	oís
(ellos, ellas, ustedes)	t**ie**nen	v**ie**nen	d**i**cen	o**yen**

LA CONJUGACIÓN

2 EL PRETÉRITO PERFECTO

(yo)	**he**	
(tú)	**has**	estado
(el, ella, usted)	**ha**	comido
(nosotros, nosotras)	**hemos**	vivido
(vosotros, vosotras)	**habéis**	
(ellos, ellas, ustedes)	**han**	

Participio:

–AR	–ado
–ER	–ido
–IR	

• Algunos participios irregulares:

VER	⟶ visto	ABRIR	⟶ abierto
ESCRIBIR	⟶ escrito	DESCUBRIR	⟶ descubierto
VOLVER	⟶ vuelto	ROMPER	⟶ roto
PONER	⟶ puesto	HACER	⟶ hecho
MORIR	⟶ muerto	DECIR	⟶ dicho

3 EL IMPERATIVO

TÚ

• El imperativo de la persona TÚ es igual que la tercera persona del singular del presente de indicativo.

HABLAR: habla **COMER:** come **ESCRIBIR:** escribe

• El imperativo de TÚ mantiene las irregularidades vocales del presente.

CERRAR: cierra **DORMIR:** duerme

VERBOS IRREGULARES

PONER: pon **SER:** sé **IR:** ve **DECIR:** di
VENIR: ven **TENER:** ten **HACER:** haz **SALIR:** sal

• Para formar el imperativo del verbo ESTAR para la persona TÚ lo hacemos en su forma reflexiva.
Estate quieto.

USTED

• Podemos formar el imperativo de la persona USTED a partir de la primera persona del singular del presente de indicativo, quitando la –o final y añadiendo la terminación –e para los verbos en –ar y la terminación –a para los verbos en –er.

	1.ª persona singular del presente	Imperativo de usted
HABLAR	habl-o	habl-**e**
COMER	com-o	com-**a**
ESCRIBIR	escrib-o	escrib-**a**

• El imperativo de USTED mantiene las irregularidades de la 1.ª persona del singular del presente.

CERRAR	cierr-o	cierr-**e**
SALIR	salg-o	salg-**a**

VERBOS IRREGULARES

SER: sea **IR:** vaya **ESTAR:** esté **SABER:** sepa **DAR:** dé

4 EL PRETÉRITO INDEFINIDO

VERBOS REGULARES

	TRABAJAR	COMER	VIVIR
(yo)	trabaj-**é**	com-**í**	viv-**í**
(tú)	trabaj-**aste**	com-**iste**	viv-**iste**
(el, ella, usted)	trabaj-**ó**	com-**ió**	viv-**ió**
(nosotros, nosotras)	trabaj-**amos**	com-**imos**	viv-**imos**
(vosotros, vosotras)	trabaj-**asteis**	com-**isteis**	viv-**isteis**
(ellos, ellas, ustedes)	trabaj-**aron**	com-**ieron**	viv-**ieron**

VERBOS IRREGULARES

1. Verbos totalmente irregulares:

	SER/IR	DAR
(yo)	**fui**	**di**
(tú)	**fuiste**	**diste**
(el, ella, usted)	**fue**	**dio**
(nosotros, nosotras)	**fuimos**	**dimos**
(vosotros, vosotras)	**fuisteis**	**disteis**
(ellos, ellas, ustedes)	**fueron**	**dieron**

2. Verbos con raíces y terminaciones irregulares:

	raíz	terminaciones
TENER	tuv–	
ESTAR	estuv–	
ANDAR	anduv–	–e
PODER	pud–	–iste
PONER	pus– +	–o
SABER	sup–	–imos
HACER	hic–/hiz–	–isteis
QUERER	quis–	–ieron
VENIR	vin–	
DECIR	dij–	
TRAER	traj– +	–eron (ellos, ellas, ustedes)
CONDUCIR	conduj–	

3. Cambio vocálico en las terceras personas:

CAMBIO O ⋯⟩ U		CAMBIO E ⋯⟩ I
DORMIR	**MORIR**	**PEDIR**
dormí		pedí
dormiste		pediste
durm**ió**	mur**ió**	p**idió**
dormimos		pedimos
dormisteis		pedisteis
durm**ieron**	mur**ieron**	p**idieron**

4. "Y" en las terceras personas (generalmente, en los verbos terminados en vocal + er/ir):

	LEER	OÍR	CAER
(yo)	leí	oí	caí
(tú)	leíste	oíste	caíste
(el, ella, usted)	le**yó**	o**yó**	ca**yó**
(nosotros, nosotras)	leímos	oímos	caímos
(vosotros, vosotras)	leísteis	oísteis	caísteis
(ellos, ellas, ustedes)	le**yeron**	o**yeron**	ca**yeron**

5 EL PRETÉRITO IMPERFECTO

VERBOS REGULARES

	TRABAJAR	COMER	VIVIR
(yo)	trabaj-**aba**	com-**ía**	viv-**ía**
(tú)	trabaj-**abas**	com-**ías**	viv-**ías**
(el, ella, usted)	trabaj-**aba**	com-**ía**	viv-**ía**
(nosotros, nosotras)	trabaj-**ábamos**	com-**íamos**	viv-**íamos**
(vosotros, vosotras)	trabaj-**abais**	com-**íais**	viv-**íais**
(ellos, ellas, ustedes)	trabaj-**aban**	com-**ían**	viv-**ían**

VERBOS IRREGULARES

	SER	IR	VER
(yo)	**era**	**iba**	**veía**
(tú)	**eras**	**ibas**	**veías**
(el, ella, usted)	**era**	**iba**	**veía**
(nosotros, nosotras)	**éramos**	**íbamos**	**veíamos**
(vosotros, vosotras)	**erais**	**ibais**	**veíais**
(ellos, ellas, ustedes)	**eran**	**iban**	**veían**

6 EL PRETÉRITO PLUSCUAMPERFECTO

Imperfecto de *haber* + participio

(yo)	**había**	
(tú)	**habías**	estado
(el, ella, usted)	**había** +	comido
(nosotros, nosotras)	**habíamos**	vivido
(vosotros, vosotras)	**habíais**	
(ellos, ellas, ustedes)	**habían**	

7 EL FUTURO IMPERFECTO

VERBOS REGULARES

	HABLAR	DEBER	IR
(yo)	hablar-**é**	deber-**é**	ir-**é**
(tú)	hablar-**ás**	deber-**ás**	ir-**ás**
(el, ella, usted)	hablar-**á**	deber-**á**	ir-**á**
(nosotros, nosotras)	hablar-**emos**	deber-**emos**	ir-**emos**
(vosotros, vosotras)	hablar-**eis**	deber-**eis**	ir-**eis**
(ellos, ellas, ustedes)	hablar-**án**	deber-**án**	ir-**án**

VERBOS IRREGULARES

TENER	tendr–	
PODER	podr–	
PONER	pondr–	
HABER	habr–	–é
SABER	sabr–	–ás
CABER	cabr– +	–á
SALIR	sald–	–emos
VENIR	vendr–	–eis
HACER	har–	–án
DECIR	dir–	
QUERER	querr–	

8 EL PRESENTE DE SUBJUTIVO

VERBOS REGULARES

	HABLAR	COMER	VIVIR
(yo)	habl-**e**	com-**a**	viv-**a**
(tú)	habl-**es**	com-**as**	viv-**as**
(el, ella, usted)	habl-**e**	com-**a**	viv-**a**
(nosotros, nosotras)	habl-**emos**	com-**amos**	viv-**amos**
(vosotros, vosotras)	habl-**éis**	com-**ais**	viv-**ais**
(ellos, ellas, ustedes)	habl-**en**	com-**an**	viv-**an**

9 EL PRETÉRITO PERFECTO DE SUBJUNTIVO

Presente de subjuntivo de *haber* + participio

(yo)	**haya**	
(tú)	**hayas**	estado
(el, ella, usted)	**haya** +	comido
(nosotros, nosotras)	**hayamos**	vivido
(vosotros, vosotras)	**hayáis**	
(ellos, ellas, ustedes)	**hayan**	